Thomas Meyerhöfer

EIN STÜCK VOM HIMMEL

erzählen, um zu erinnern

Für Doro

Thomas Meyerhöfer

EIN STÜCK VOM HIMMEL

erzählen, um zu erinnern

werdewelt Verlags- und Medienhaus GmbH

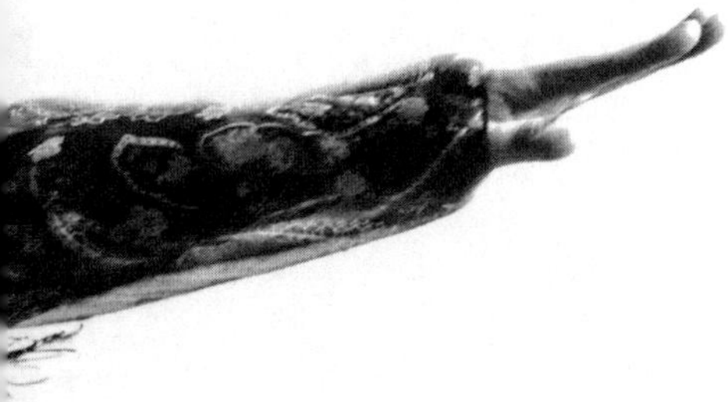

ISBN 978-3-9817208-4-6

Impressum

Autor/Produktionsleitung: Thomas Meyerhöfer
Fotograf: Dieter Otten
Lektorat: Liane Vedder

Gestaltung/Satz: werdewelt.info
TitelBild: © Kryvenok Anastasiia
Benutzung unter Lizenz von Shutterstock.com

Verlag: werdewelt Verlags- und Medienhaus GmbH

Teamwork

Von wegen „lange Vorbereitungszeit". Im Grunde genommen blieben uns nur ein paar Wochen, um die Planung voranzutreiben. Wir wollten ein Stück vom Himmel sichtbar werden lassen und haben das tatsächlich geschafft.

... Dieter. Fotograf. Künstler. Achtundvierzig Stunden lang donnerte ein Hurrikan durch dein Studio. Du hast durchgehalten, dich dagegen gestemmt, brillante Fotos im Sturm produziert. Und ganz nebenbei ein vierhundert Kilo schweres Motorrad über die weiße Hohlkehle geschoben.

... Ben. Sparringspartner. Unermüdlicher Hinterfrager. Herausforderer. Dass dieses Buch erscheint, ist dir zu verdanken.

... Models. Ihr. Zum Teil Hunderte von Kilometern zurückgelegt, im Stau verzweifelt, um dann für weniger als sechzig Minuten vor der Kamera zu posen. Ihr wart der Hammer! Hochprofessionell! Und das beim besten Shooting eures Lebens.

... Doro. Meine Geliebte. Kämpferin. Prophetin. Sturmerfahren, weitsichtig, geerdet. Du hast es vorausgesehen und Recht behalten: Der Adler fliegt. Und dass ich täglich ein Stück vom Himmel erlebe, liegt auch an dir.

... Gott. Jesus. Heiliger Geist: Teamchef, Fels in der Brandung, Kreativitäts-Flash-Verpasser, Ende-des-Meeres-Kenner. Was für ein Privileg, unter der Leitung des besten Kreativen aller Zeiten arbeiten zu dürfen.

What matters most is that we didn´t just talk about it, we did it.

QR-Code

„Ein Stück vom Himmel" ist ein Bilderbuch, ein Lesebuch und ein Filmbuch. Der schnellste und einfachste Weg zu den Filmbeiträgen führt über den QR-Code. Auf vielen Seiten im Buch findet sich dieses verpixelte Quadrat. Dahinter verbirgt sich eine bestimmte Internetadresse, die vom Handy erkannt und angezeigt wird.

Das Handy auf den Code richten. Scannen oder Abfotografieren. Anschauen.

QR-Code

HELMETS

Thomas

Thomas Meyerhöfer, geboren 1962 in Stuttgart, ist ein Schriftsteller, der filmt, fotografiert und malt. Gerade erschien sein erster Roman „Freiheit für Peggy Brown“ (Amazon). Thomas Meyerhöfer lebt und schreibt in der Nähe von Köln.

So klingt die technische und unpersönliche Variante. Die etwas persönlichere geht so:
Vor drei Jahren hätte ich es nicht für möglich gehalten, jemals wieder zu schreiben, geschweige denn eine Kamera in der Hand zu halten. Damals – in gesundem Zustand – sah mein Schreibtisch aus wie ein Gebirge: hohe Bücherstapel, vollgekritzelte Post-it-Zettel übers gesamte Atelier verteilt, träge vor sich hinblinkende Ladegeräte und irgendwo dazwischen das Notebook – vermutlich am Aufladen. Für mich war´s genau die richtige Umgebung – das Planen herausfordernder Projekte, Begegnungen mit interessanten Menschen, Einblicke in die Lebensgeschichte anderer, das Sprechen vor vielen Zuhörern.

Also alles andere als langweilig.

Im Mai 2012 veränderte sich das alles schlagartig. Ein Monster brüllte durch meinen Körper, kurze Zeit später verließ es seine Höhle und besetzte nach und nach alle wichtigen Schaltstellen. Über meine Gegenwehr konnte es nur lachen und ließ mich wissen, wer ab sofort das Sagen hat. Im Frühsommer des darauffolgenden Jahres zeigte die Depression ihr hässlichstes Gesicht. Es folgten Rückzug, Einsamkeit, Schweigen.

Das soll als Beschreibung genügen.

Heute, über drei Jahre später, treibt das Monster immer noch sein Unwesen. Trotzdem schaffe ich es hin und wieder, mich seinem Zugriff zu entziehen. Dann kann ich schreiben. Der Fantasie freien Lauf lassen. Und manchmal sogar geplante Vorhaben umsetzen. So wie dieses Buch.
Dass ich in diversen Blogbeiträgen oder Kurzgeschichten auf Gott zu sprechen komme, ist mir ein Bedürfnis. Er ist Teil meines Lebens und ein wichtiger Begleiter auf der Reise durch die Zeit. Dass er mich in den Tiefen tröstet und die Dunkelheit mit mir teilt, rechne ich ihm extrem hoch an. Er ermöglicht mir dadurch ein Stück vom Himmel. Das ist viel mehr, als ich zu hoffen gewagt hatte.

EIN STÜCK VOM HIMMEL

erzählen, um zu erinnern

Ich weiß nicht, wie lange ich diese Idee schon mit mir herumtrage. Offen gestanden habe ich sogar den Anlass vergessen, der mich letztendlich dazu brachte, das Gedankengebilde aus der Versenkung zu holen und umzusetzen. Möglicherweise passierte das während der Heimreise von einer Veranstaltung. Endlose Nachtfahrten über die Autobahn können, mit der passenden Musik unterlegt, außerordentlich inspirierend sein.

Auslöser

Bevor das Monster mein Leben auf den Kopf stellte, predigte ich in Gottesdiensten und hielt Referate über den christlichen Glauben. Ich war kein Pastor mit einem Kirchengebäude; war keiner, der seine Zuhörer seit deren ersten Atemzügen kennt; der die Vorlieben der sonntäglichen Gottesdienstbesucher auswendig aufsagen kann. Stattdessen war ich mit vielen Autohöfen deutscher Fernstraßen vertraut und wusste Bescheid, an welchen Raststätten es sich gut übernachten lässt. Den schwarzen Kaffee bestellte ich mir im Restaurant mit dem großen, goldenen „M" auf dem Dach und ich besaß eine Plusmitgliedschaft beim ADAC. Mein Einsatzgebiet erstreckte sich über ganz Deutschland. Mindestens.

Üblicherweise lief es so ab, dass mir jemand – am Veranstaltungsort endlich angekommen – ein Blatt Papier in die Hand drückte. Ein Ritual, das sich immer und überall wiederholte: Hielt ich den Programmablauf einmal in meiner Hand, begann der Countdown zu ticken. Veränderungen konnten keine mehr zugelassen werden. Ich las die Namen der Unbekannten, die für den einen oder anderen Unterabschnitt Verantwortung trugen – alles bestens und hochprofessionell ins Tabellenkalkulationsprogramm von Microsoft eingearbeitet. Dieser Zettel informierte mich darüber, wann meine Zeit kommen sollte. Außerdem entnahm ich dem Aufschrieb, wie lange ich reden durfte; wann die Band welches Lied spielte; eine Frau wollte mir Fragen zu meinem Beruf und meinem Leben stellen; drei

Jugendliche führten ein selbst geschriebenes Theaterstück auf; „Heiner“ erzählte aus seinem Leben. Spätestens dann erwischt mich ein erster, heftiger Adrenalinstoß. „Heiner erzählt aus seinem Leben ...“ stand dort – und das war, vorsichtig formuliert, suboptimal.

Ich persönlich habe nichts gegen Lebensberichte, solange die in der eigenen Wohnung vorgetragen werden. Oder in einem Café mit leiser Klaviermusik aus dem Off. Aber öffentlich? Auf einer in den Medien beworbenen Veranstaltung?
Ein Wohnzimmer ist ein Wohnzimmer und bleibt ein Wohnzimmer. Alles steht an seinem wohlbekannten Platz. Geschlossene Türen schützen vor großen Ohren und neugierigen Blicken.
Eine Bühne ist eine Bühne und bleibt eine Bühne. Da steht ein schwarzes Mikrofon. Viele Menschen starren mit vielen erwartungsvollen Augen auf den einsamen Zeugen dort vorne.
Er will sich hinter dem Mikrofonständer verstecken. Aber das funktioniert nicht. Er weiß:
„Jetzt muss ich was sagen.“
Und dann sagt er „was“.

Meiner Erfahrung nach gibt es drei unterschiedliche Typen von Bericht-Erstattern:
Die einen schaffen es kaum, deutliche Worte zu formulieren. Sie beginnen zu stottern, zu weinen und/oder verhaspeln sich beim Ablesen ihrer Notizen. Die Aufregung ...

Typ Zwei verhält sich gegenteilig: Er steht im Rampenlicht und liebt das auch. Seine Bühnenpräsenz pusht ihn dermaßen, dass er kaum noch zu bremsen ist. Er redet und redet und redet sich dabei nicht selten um Kopf und Kragen.

Bei der dritten Personengruppe schließlich handelt es sich um solche, die schon Wochen vor der Veranstaltung keine Nacht mehr schlafen können. Sie durchleiden den Wirklichkeit gewordenen Albtraum und verwünschen den Tag, an dem sie ihre Zustimmung zu einem „kleinen, kurzen, völlig unproblematischen Statement“ gegeben haben. Sie sind der Überzeugung, „nichts Besonderes erlebt zu haben“. Sie wollen das alles nicht und ziehen tatsächlich das Auswandern als einzig mögliche Alternative in Betracht. Oder sie versprechen Gott das Blaue vom Himmel, wenn ... ja wenn er sie mit einer heftigen, aber bitte schmerzlosen Magen-Darm-Grippe für den besagten Zeitraum ausschaltet.

Typenbestimmung hin oder her, Fakt ist: Jeder von uns hat etwas zu berichten! Jeder von uns schleppt Geschichten in seinem Lebenskoffer mit sich durch die Zeit; Begebenheiten, die anderen weiterhelfen können – dann, wenn sie ohne Übertreibung, ohne Nervosität und in keiner vollbesetzten Kirche/ Stadthalle vorgetragen werden.

Geschichten bereichern. Geschichten verhelfen zum Nachdenken. Geschichten schaffen neue Perspektiven.

Und auch der Erzähler profitiert von seinem Mut: Darüber reden ist die geeignete Maßnahme, sein Leben nicht zu vergessen.

Erzählen, um zu erinnern.

So weit, so gut. Bloß, wie umsetzen?

Und jetzt kommt wieder die Nachtfahrt ins Gespräch ... über die Autobahn.

Umsetzung

Vor einigen Monaten sprach ich vier Leute an, die ich sehr gut kenne. Ich habe sie gefragt, ob sie mir eine Geschichte aus ihrem Leben erzählen – mir und meiner Videokamera. Es hat mich überrascht, dass keiner von ihnen meine Bitte ablehnte, und das, obwohl ich androhte, das Video auf YouTube zu veröffentlichen. Und noch eine Hürde galt es zu überwinden: Ich verlegte das Treffen in ein Café; kein steriles, abgeschottetes Studio also, sondern eine Örtlichkeit mitten im Leben (vermutlich war es die Aussicht auf den gnadenlos brillanten Milchkaffee vom Café Müller, der die Vier nicht absagen ließ).

Als es dann so weit war, interessierte weder die Kamera noch YouTube, und auch die Leute im Café spielten keine Rolle mehr. Nur noch die Geschichte stand im Vordergrund. Ihre Geschichte, die sie mir erzählten. Ich war der Zuhörer; derjenige, der ihnen teils schockiert, dann wieder amüsiert und fasziniert an den Lippen hing. Die Kamera? Ein Nebenprodukt. Ein Blick in die Filme genügt – da ist nichts geprobt, keine aufgeschriebenen Texte, nichts gekünstelt. Stattdessen gibt´s Versprecher, längere Pausen, Kopfschüttler, Lacher und auch feuchte Augen. Alles echt.
Bei der späteren Kontrolle meiner Aufzeichnungen saß ich wie elektrisiert vor dem Monitor: Authentische Aufnahmen, die so echt und frei von Inszeniertem waren, dass ich sie spontan „raw-tapes“

nannte. „raw“ ist ein Begriff aus der Fotografie und er bezeichnet das raue, unbehandelte, nicht nachgearbeitete Bild.

Nach den ersten vier Aufnahmen hörte ich mich weiter um, fragte nach, erhielt Zusagen, wählte andere Örtlichkeiten, stellte die Filme online, und dann kamen die ersten Rückmeldungen.

Sechs Monate nach dem Start der „raw-tapes“ entstand die Idee eines eBooks: Geschichten zum Nachlesen verlinkt mit den entsprechenden Videos. Und wenn schon ein elektronisches Buch (eBook), warum nicht gleich eines mit großen Fotos? Mit Bildern, die den Inhalt der erzählten Geschichten aufgreifen; Bilder, die das Gesicht des Erzählers zeigen - so wie er ist: ungekünstelt, schwarz/weiß, unbearbeitet. Raw.
Wir haben es umgesetzt: Das eBook verbreitet schon seit einiger Zeit die Lebensgeschichten im unendlichen Cyberspace.

Schon vor der Veröffentlichung im Internet meldeten sich erste Stimmen, die ein Buch aus Pappe und Papier favorisierten. Weil alles seine Zeit braucht, dauerte die Umsetzung etwas länger als geplant. Aber – kommt Zeit, kommt Buch aus Papier.
Hier ist es.

EIN STÜCK VOM HIMMEL

Ein Stück vom Himmel
Die Erzählungen auf den nachfolgenden Seiten sind im Leben verankert und reichen doch weit darüber hinaus: Da ist vom Alltag die Rede, aber auch vom Himmel. Von Gegenwart und Zukunft. Ängste werden ebenso angesprochen wie die Hoffnung auf Veränderung.
Und: Die Geschichten sind in den Glaubensalltag der Erzähler eingebettet. Und hier sind wir wieder beim Ausgangspunkt aller Überlegungen, nämlich eine Plattform zu schaffen, auf der Lebens- und Glaubenserfahrungen mitgeteilt werden.
Die Erzähler öffnen ihr Leben, um aus ihrer Sicht den offenen Himmel zu beschreiben: Wie Gott ihnen nahekam, warum Jesus eine solch wichtige Rolle in ihrem Leben spielt, weshalb sie beten, worauf sie hoffen. Ihre Geschichten sind ein kleiner Ausschnitt der Vielfalt und den Möglichkeiten Gottes – sie sind: „Ein Stück vom Himmel“.

Geschichten werden dann zur Hilfe, wenn diese unkommentiert enden; wenn es keinen erhobenen Zeigefinger gibt, der einen zu etwas auffordert, zwingt oder einen fahlen Beigeschmack zurücklässt. Die Texte, Bilder und Filme von „Ein Stück vom Himmel" sind die Einladung, sich über Gott, Jesus, den Glauben und das Leben Gedanken zu machen. Und wie es mit Einladungen so ist – die Entscheidung über Zu- oder Absage trifft jeder selbst.

„Ein Stück vom Himmel" – dieses Buch ist bloß eine Momentaufnahme. Weitere Berichte wurden bereits veröffentlicht.

Solange sich diese Erde dreht, wird es Geschichten über das Leben, die Hoffnung und die Ewigkeit geben; werden Menschen darüber berichten, welche Erfahrungen sie mit Jesus gemacht haben – auch vor laufender Kamera.

Thomas Meyerhöfer

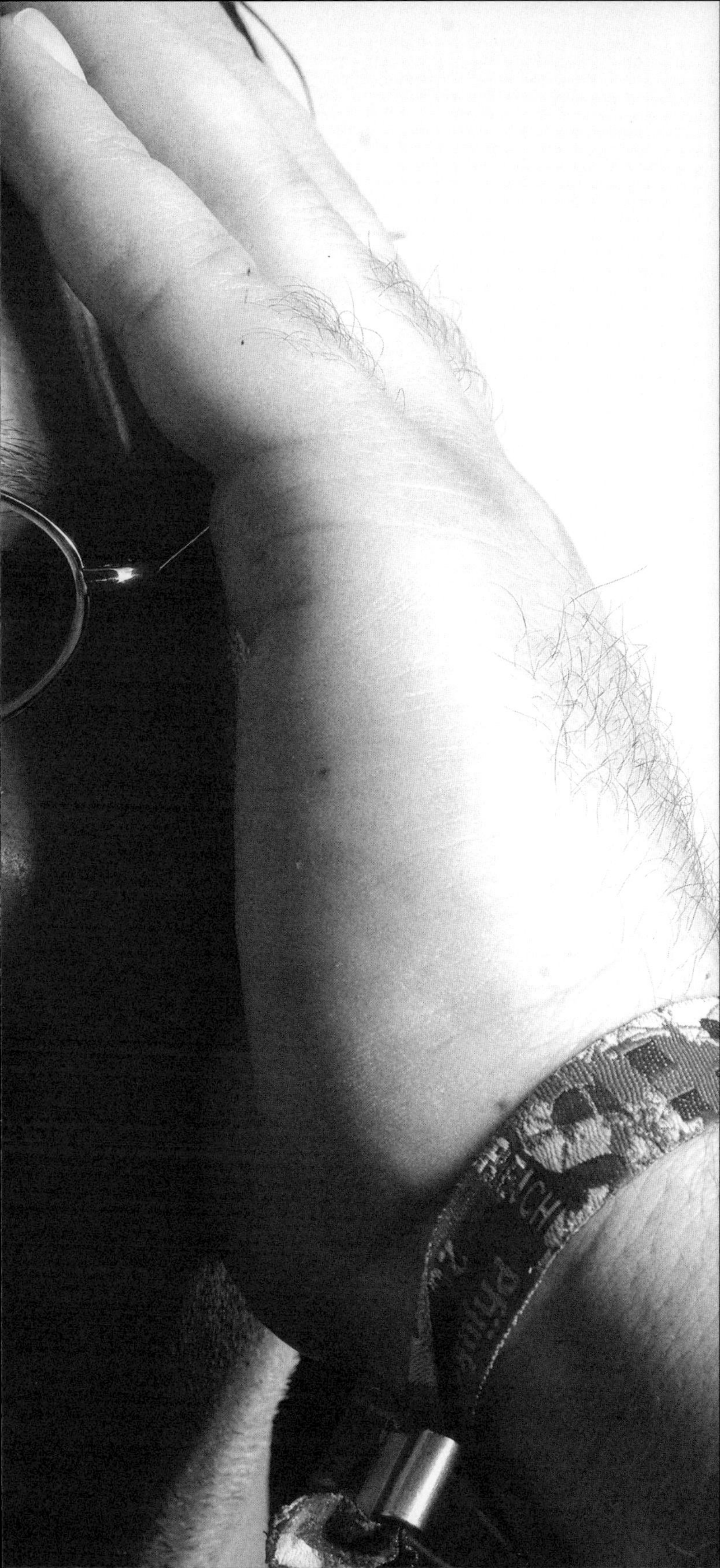

Veit

Veit ist Jugendpastoralreferent und reist durch Deutschland, um Teenager, Jugendliche und junge Erwachsene in ihrem Glauben zu fördern und zu stärken. Er ist einer der Initiatoren von „Hoffnung 2011“, einer Initiative, die jugendliche Christen herausfordert, ihren Mitmenschen zu helfen, zu dienen und die Liebe Gottes zu bezeugen. Wenn Veit nicht unterwegs ist, genießt er die Zeit mit seiner Frau und seinen vier Kindern. Und mit einem guten Glas Wein.

Veit

Die Krankheit kam völlig überraschend. Ich war auf einer großen Konferenz in Amerika und bekam dort Husten, fühlte mich total schlapp und hatte geschwollene Beine. Zuerst dachte ich an Ursachen wie „Langstreckenflug", „Jetlag" oder „Überarbeitung", doch die Symptome verschwanden auch zu Hause nicht. Ich ging ins Krankenhaus, und die Ärzte waren von Anfang an skeptisch. Sie röntgen meine Lunge, machten andere Untersuchungen, und dann kam dieser eine Satz: *„Wir wissen es nicht genau, aber mit Ihrer Lunge stimmt etwas nicht."* Ich sollte im Krankenhaus bleiben, überredete aber die Ärzte dazu, noch einen Abend mit der Familie verbringen zu dürfen. Zu Hause war ich fertig. Ich war krank - und keiner konnte mir sagen, was ich hatte. Es konnte alles sein – ich hatte stark vergrößerte Lymphknoten – und vermutete Lungenkrebs oder Lymphdrüsenkrebs. Oder beides. Und ich dachte mir: *„Was soll das?!?"* Und, ich muss ehrlich sagen, ich habe da auch Gott nicht verstanden. Ich sagte ihm: *„Gott, ich bin unterwegs für dich, arbeite hauptberuflich für die Kirche, fliege dann noch in die USA und was soll das jetzt?"* Ich habe geheult, meine Frau hat geheult, und dann ging ich am anderen Morgen ins Krankenhaus.

Dann kam die Zeit der Untersuchungen. Tagelang wurde nach der Krankheit gefahndet. Sie wussten es ja immer noch nicht. In diesen vier, fünf Tagen – also die Zeit, bis die eigentliche Krankheit feststand – habe ich regelrecht Bilanz gezogen. Ich habe sehr tief über mein Leben nachgedacht: Über das Verhältnis zu meiner Frau; zu meinen Kindern; den Freunden; habe mir Gedanken über meine Lebensphase gemacht. Das Ergebnis erstaunte mich: Ich war bereit, zu gehen. Natürlich wollte ich das nicht, auf keinen Fall. Ich bin ja schließlich nicht alleine auf der Welt, und meine Familie hätte das nicht so cool gefunden. Ich hätte schon gerne weitergelebt ... aber ich war tatsächlich so weit, dass ich mein Leben loslassen konnte. Diese Entscheidung konnte ich auch deshalb so deutlich formulieren, weil mein Leben stark von meinem Glauben geprägt ist: Ich glaube an einen neuen Himmel, an eine neue Erde. Ich glaube, dass Jesus für mich gestorben ist, dass er mir meine Schuld vergeben hat und dass ich nach meinem Tod bei Gott sein werde.

Dann kam die Diagnose: Sarkoidose. Bekannt auch als Morbus Böck. Und da gab´s natürlich kein Halten mehr. Ich recherchierte jede freie Minute und erfuhr so, dass es sich dabei um eine seltene Krankheit handelt, die tatsächlich ähnliche Symptome wie Lymph- oder Lungenkrebs aufweist. Nach einiger Zeit wurde ich aus dem Krankenhaus entlassen, musste noch über ein ein Dreivierteljahr Kortison nehmen und bin seit einigen Wochen geheilt.

EIN STÜCK VOM HIMMEL

Jetzt bin ich wieder gesund – wer weiß, wie lange. Denn das habe ich auch festgestellt: Gesundheit ist ein hohes Gut. Du hast das nicht im Griff, ob und wie lange du gesund bist. Die Krankheit kann dich jederzeit anfallen. Deswegen genieß dein Leben, genieß die schöne Zeit, die du hast, arbeite nicht zu viel, nimm dir Zeit für deine Kinder und für deine Frau.

Von einem Schwerkranken habe ich eine Aussage gehört, die ich mir gemerkt habe. Die heißt: *„Krank wird man immer – mit Gott oder ohne Gott.“* Das stimmt. Und von daher ist mir der Glaube an Gott so wichtig: Ich glaube an Gott und daran, dass er eines Tages, so wie es die Bibel sagt, Krankheit, Leid und Tod vernichten und uns die Tränen abwischen wird. Und dieser Glaube, die lebendige Beziehung zu Jesus, hat mich durch diese Krankheit getragen.

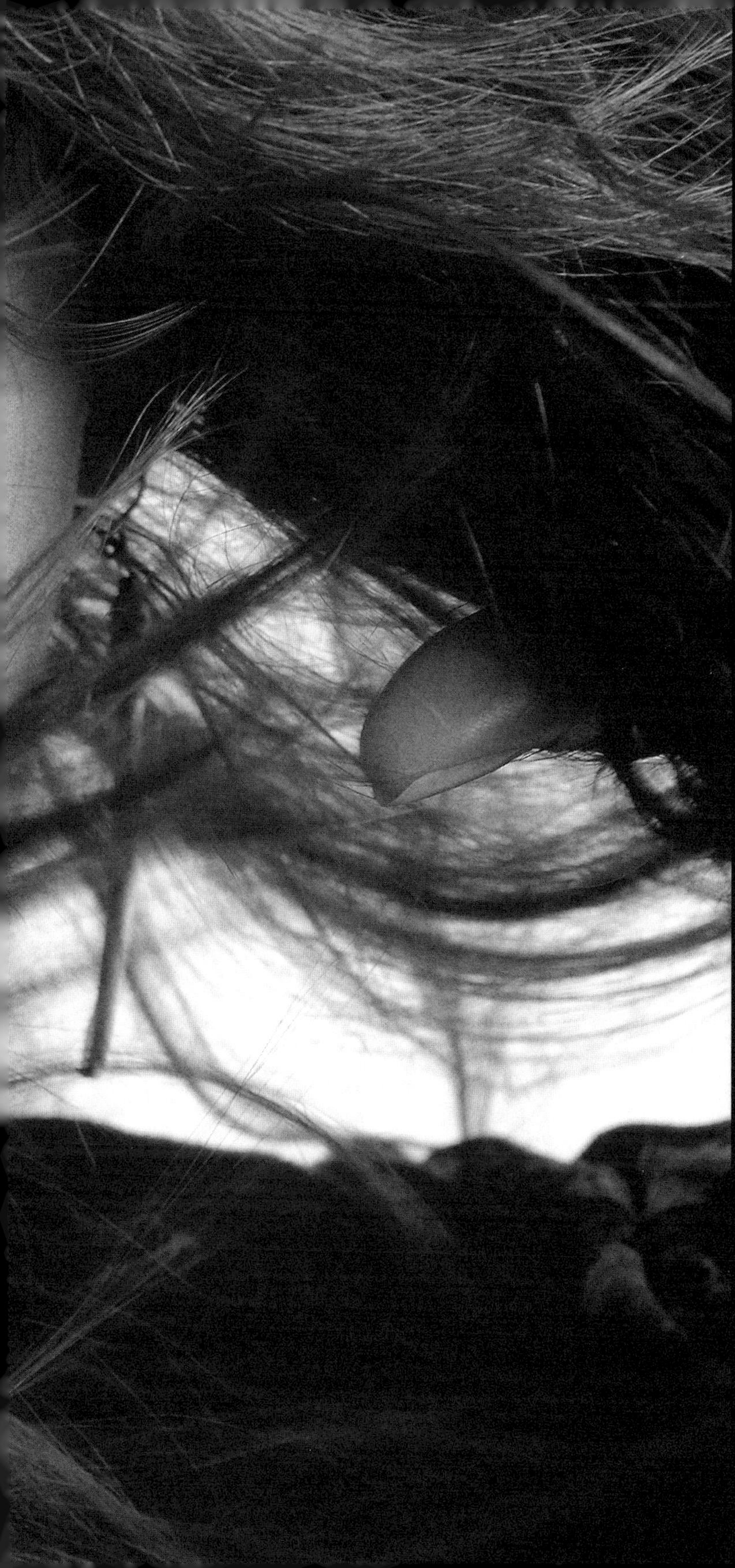

Sarai

Freiheitsfrau. Naturliebhaberin. Künstlerin. Rebellierte in ihrer Teenagerzeit und kämpfte für die totale Unabhängigkeit. Musste für ihr Freiheitsstreben Lehrgeld bezahlen. Und: Sie hätte nie gedacht, dass echte Freiheit mit Unterordnung zu tun hat.

Freedom
Freiheit

Sarai

Aufgewachsen bin ich auf dem Land, draußen in der Natur, umgeben von vielen Tieren und in völliger Freiheit. Ich hatte einen Schäferhund, der mich beschützte und der mir nicht von der Seite wich. Meine Eltern lebten sehr naturverbunden, liebten die Abwechslung und fuhren ständig mit uns in unserem VW-Bus durch Europa. Auf den vielen Reisen entdeckten wir die Länder, lernten neue Leute kennen und machten uns um nichts und niemand Sorgen. Mama und Papa liebten die Freiheit, und diese Eigenschaft prägte sich auch mir tief ein. Meine Eltern unterstützten diese Eigenschaft. Immer wieder erinnerten sie mich daran, dass mich niemand zu etwas zwingen durfte. Was für eine Kindheit!

Dann kam die Pubertät und mit ihr die Veränderung: Ich wurde rebellisch – und wie! Ich hatte das Gefühl, als ob mir die Freiheit, die ich bis dahin lebte, mit aller Gewalt entzogen werden würde. Auf meine Eltern wollte und konnte ich jetzt verzichten – sie waren mir egal. Mir war´s auch gleichgültig, was sie über mich dachten. Ich wäre auch alleine zurechtgekommen ... dachte ich. Es ging sogar so weit, dass ich keine Lebensfreude mehr empfand. Ich hatte eine Sehnsucht nach Erlösung aus meiner Dunkelheit und niemand ahnte etwas davon.

Das war die Zeit, in der ich mich entschied, für alles selbst verantwortlich zu sein. Niemand sollte mir etwas befehlen dürfen. „Freiheit“ – nicht nur ein Wort, sondern oberstes Lebensziel und höchster Lebensinhalt. Ich wollte bestimmen, wohin ich mit wem gehe. Ich wollte entscheiden, was gut für mich ist und was nicht. Keiner durfte mir etwas vorschreiben.

Ich lebte „Freiheit“, und die anderen wussten das. Was keiner wusste: Trotz meines Lebensmutes, den ich an den Tag legte, und trotz der vielen „Freiheits-Worte“, die ich ständig von mir gab, kam ich zu dem Ergebnis, dass mein Leben sinnlos war. Es ging sogar so weit, dass ich mir den Tod wünschte. Ich hatte eine Todessehnsucht und niemand ahnte etwas davon. Das war auch die Zeit, in der mir zum ersten Mal bewusst wurde, dass mein Drang nach Freiheit nicht befriedigt wurde. So sehr ich mich auch bemühte, eine hundertprozentige Freiheit konnte ich nicht erzielen.

Und noch etwas stellte ich fest: Es gab definitiv ein höheres Wesen oder eine höhere Macht, die ich nicht abschütteln konnte. Immer wieder spürte ich, dass diese Macht in mein Leben eingriff, und ich musste mir die Frage gefallen lassen: „Was hast du für eine Freiheit, wenn du dich einem Stärkeren unterordnen musst?“

Das Thema „Gott“ hat mich von meiner Kindheit an begleitet. Wir sprachen in der Familie darüber, schon deshalb, weil sich meine Eltern auf einer spirituellen Suche befanden. An dieser Suche beteiligte ich mich nicht, begleitete meine Eltern aber auf ihrer Reise. Als sie endlich fündig wurden, nahm ich das zur Kenntnis, auf mein Leben hatte das aber keine Auswirkungen. Jetzt sprachen sie ständig über Gott und Jesus, lasen in der Bibel und beteten. Doch für mich war klar, dass ich aus nur einem Grund glauben würde: Weil ICH es wollte.

Ich dachte wieder an meinen Schäferhund, der mich durch meine Kindheit begleitet hatte. Den konnte man nicht einsperren. Und wenn er unterwegs war und nach Hause wollte, dann musste er sich auf seinen Spürsinn, seine Nase und seinen Instinkt verlassen. Er rennt und sucht, er schnüffelt und wittert. So lange, bis er zuhause ist. Und so war das auch bei mir. Ich wollte mich nicht anketten und mir schon gar nicht vorschreiben lassen, an wen ich zu glauben hatte. Wenn, dann musste das meine persönliche Entscheidung sein.

Aufgrund verschiedener Ereignisse ahnte ich, dass dieses „höhere Wesen“ einen Namen hatte: Ich fragte mich, ob Jesus mit meinem Freiheitsdrang klar kam – alles weitere erzähl’ ich dir in meinem Film.

Kristian

Kristian ist ein talentierter Cutter und schneidet in seiner Freizeit Filmprojekte unterschiedlichster Art. Gleichzeitig reizt ihn das Große: die Chance, Verantwortung übernehmen zu können – und ihn reizt auch die Mathematik. Deshalb hat er sich für ein Studium zum Bauingenieur entschieden. Bis es so weit war, musste er Träume begraben, sich über seine Zukunft Gedanken machen und Entscheidungen treffen.

Kristian

Ich wollte schon immer Polizist werden. Um diesen Job zu bekommen, wechselte ich von der Realschule aufs Gymnasium. Das war, was mich anspornte. Wenn ich meinen Freunden oder meiner Familie davon erzählte, was ich später werden wollte, hat mich jeder von denen in meinem Berufswunsch bestätigt.

Ich habe mich dann beworben und wurde auch eingeladen. Der Einstellungstest ging über zwei Tage – am ersten Tag die Theorie und am zweiten kam der sportliche Teil dran. Vor der Theorie hatte ich schon etwas Bedenken, schaffte es aber gut und musste dann am nächsten Tag die Sporttests absolvieren. Auch da klappte alles bestens, alles bestanden. Jetzt fehlte nur noch die ärztliche Untersuchung. Der behandelnde Arzt checkte mich durch, war zufrieden und nahm sich dann noch meine Beine vor. Er klopfte aufs Knie, zog es ganz komisch auseinander, ließ es wieder los und schüttelte den Kopf. Ich wusste nicht, was das zu bedeuten hatte. Nach einigen Minuten Beratung und Bedenkzeit behauptete er, dass ich einen Kreuzbandriss hätte und dass man so jemanden nicht bei der Polizei gebrauchen könne. Zum Abschied gab er mir noch den Rat mit auf meinen Heimweg, für die Zukunft einen Job zu suchen, bei dem ich mich wenig bewegen muss.

Das war´s dann mit meinem Traumberuf.

Ich saß wie versteinert vor dem Arzt und verstand gar nichts mehr. Wieso Kreuzbandriss? Unmöglich – ich machte fast täglich Sport, fuhr Snowboard, spielte Fußball und ging Boxen!

Kurz nach dem Einstellungstest bei der Polizei erhielt ich einen Brief ... von der Bundeswehr. Sie schickten mir meinen Einberufungsbescheid, und ich sollte kurz nach dem Abitur meinen Wehrdienst antreten.

Anfang Juni meldete ich mich in der Kaserne zum Dienst. Zwanzig Tage später hieß es plötzlich: „Schütze Kühn, melden Sie sich im Sani-Gebäude!“ Dort sagte man mir, dass die Bundeswehr für mich keine Verwendung habe. „Sie sind untauglich wegen ihres Kreuzbandrisses“, offenbarten sie mir. Daraufhin wurde ich ausgemustert.

EIN STÜCK VOM HIMMEL

Das war schon alles hart für mich. Vor allem habe ich mich gefragt, wo denn Gott in dieser ganzen Geschichte war. Ich hatte um seine Hilfe und um seine Führung gebetet … hatte gedacht, seine Bestätigung erfahren zu haben und wollte seinen Willen umsetzen. Und ich war mir sicher, seine Berufung für mich gefunden zu haben – und dann so etwas. Ich wusste nicht mehr, was ich machen sollte. Natürlich hört man immer, dass sich hinter allem ein Plan verbirgt; und ich selbst war auch dieser Meinung. Doch in dem Moment, als sich meine Zukunftspläne in Nichts auflösten, verschwand auch diese Meinung. Ich konnte meinen Traumberuf nicht ausüben; auf einen Studienplatz hatte ich mich nicht beworben, weil ich davon ausging, die nächsten neun Monate bei der Bundeswehr zu verbringen, doch selbst die hielten mich für untauglich. Meine Ziel, mein Plan und auch meine (geglaubte) Berufung von Gott war gestoppt, durchkreuzt worden von Menschen. Es wurde die Tür geschlossen und keine neue viel bessere für mich geöffnet. Das hat mich, zugegeben, sehr verunsichert. Ich hing zu Hause rum und hatte keine Ziele mehr. Nach einigen Wochen fing ich dann an, mich noch einmal mit meinem Glauben an Gott auseinanderzusetzen. Ich war immer der Meinung, dass Gott gut und nett ist und dass er sich um meine Wünsche zu kümmern hat. Aber das steht so nicht in der Bibel. Vielmehr geht es ums Vertrauen, auch dann, wenn manche Pläne nicht so funktionieren. Dies zu akzeptieren, war und ist nicht einfach.

Tina

Sie liebt die Dreckhügel, hat keine Angst vor Wall Rides und jagt auf den Pisten mit ihrem Mountainbike ins Tal. Ist sie auf dem Asphalt unterwegs, sitzen ihre beiden Kids im Fahrradanhänger und genießen die Geschwindigkeit. Dass sie nach ihrem letzten Sprung im Bike-Park eine Begegnung mit Jesus haben würde, war so nicht eingeplant.

STUMPJUMPER
SPECIALIZED

Tina

Das vergangene Jahr war ein verkacktes Jahr. Im Sommer hatte ich viel Not, wenig Schlaf, musste mein geliebtes Pferd verkaufen, und unser sechs Monate altes Baby schrie andauernd – ich war ganz schön fertig. Mein Mann sah das auch und bot mir an, die Kids zu nehmen, damit ich etwas richtig Schönes unternehmen konnte. Dieses Angebot schlug ich natürlich nicht aus und fuhr mit meiner Freundin ins Sauerland. Dort gibt´s einen tollen Bike-Park, und obwohl das Wetter nicht berauschend war, genossen wir die Zeit. Den ganzen Morgen jagten wir die Pisten runter, ließen uns vom Lift wieder nach oben bringen, nahmen uns Zeit zum Reden und jauchzten gemeinsam beim Downhill-Fahren. Zum Abschluss dieses coolen Tages wollten wir noch einen Slope springen. Obwohl ich schon öfter im Bike-Park war, bin ich dieses Ding noch nie gesprungen. Man muss sich das wie einen Steg vorstellen, der an einem Abhang angebracht ist. Der Steg ist schmal, insgesamt etwa zwanzig Meter lang, hört dann auf, und man muss in den Steilhang hinabspringen, der sich zwei, drei Meter unter einem befindet. Wenn man´s richtig macht, ist das problemlos zu schaffen. Ich fuhr also auf den Steg, mit Schwung ... und schaffte den Sprung! So schlimm war´s gar nicht – deshalb wiederholte ich das Ganze noch einmal. Perfekt! Nächster Sprung. Inzwischen hatte ich den Respekt vor dem Hindernis verloren. Und dann passierte, was passieren musste: Ich fuhr an, war zu langsam, knallte mit dem Vorderrad auf den Boden, flog über das Rad und schlug mit dem Kopf frontal auf den Boden auf. Das war der Moment, in dem ich wusste: *„Das war´s jetzt.“*

Das sind so Momente, die das Leben anhalten. Mir war alles egal, ich lag auf dem Boden, es tat alles weh und ich hielt meinen Kopf fest, weil ich mir panisch sagte: *„Dein Hals ist kaputt, halt deinen Hals fest!!“* Dann wurde alles feucht, andere Biker beugten sich über mich und starrten mich an. Ich wusste: *„Ich bin selbst schuld und nehme alles auf meine Kappe. Ich bin dreiunddreißig, habe zwei Kinder zu Hause und mach' einen solchen Scheiß!“*

Und dann hörte ich den Krankenwagen.

Dort kam ich das erste Mal wieder richtig zur Besinnung. Ich hatte einen Schock, war am Zittern und Krampfen. Am ganzen Körper! Doch dann – von einer Sekunde auf die andere – wurde ich ruhig und hatte auf einmal das Gefühl, als ob Jesus bei mir ist. Richtig da! Für mich war das ein ganz heiliger Moment. Ich lag auf der Liege, schaute an die Decke vom Krankenwagen und hatte das Gefühl, als ob mich Jesus fragt: *„Tina, darf ich das?“* Ich verstand sofort, was diese Frage zu bedeuten hatte. Von

Beruf bin ich OP-Schwester und kenne die Folgen eines Halswirbelbruches. Ich erfasste die Tragweite der Frage, die mir Jesus stellte. Zuerst wusste ich nicht, wie ich darauf antworten soll. Nach einiger Zeit konnte ich aber aus ganzem Herzen sagen: *„Ja, Jesus, du darfst das. Egal, welche Konsequenzen das für mich hat. Du darfst tun, was du möchtest!“* Ich lag da und war mir immer noch der Gegenwart Gottes bewusst. Das Nächste, was Jesus zu mir sagte, war der Hammer. Er sprach: *„Tina, du brauchst das alles nicht. Du brauchst nicht diese ganzen Dinge, um glücklich zu sein. Um glücklich zu sein, brauchst du nur mich!“*

Was Jesus mir damit sagen wollte, konnte ich in diesem Moment nicht genau einordnen. Aber ich habe es mir sehr gut gemerkt.

Die Zeit danach war heftig. Gott sei Dank hatte ich mir nichts gebrochen – aber meine kompletten Halswirbel standen verdreht aufeinander, und keiner schaffte es, sie einzurenken. Ich hatte schlimme Schmerzen, musste viel zu viele Medikamente einnehmen und fand dann endlich jemanden, der Schritt für Schritt meine Knochen an den Ort setzen konnte, an den sie auch gehörten.

In diesem monatelangen Prozess erfuhr ich, dass Gott mir etwas viel Tieferes schenken und auch zeigen will.

Dieser Unfall hat mich an meine Grenzen gebracht, und genau die sollen verändert werden. Ich bin mittendrin in diesem Prozess.

Andreas

Wer sich im Alter von neun Jahren schon ein „eigenmotorisiertes Fahrzeug“ wünscht, für den ist der spätere Berufsweg deutlich vorgegeben. Die Träume von damals sind Wirklichkeit geworden. Heute, fast vierzig Jahre später, ist Andreas Eigentümer einer großen Kfz-Werkstatt, repariert Karosserien und verkauft EU-Fahrzeuge. Dass sich neben seiner Leidenschaft für Autos und Motoren noch ein anderes Betätigungsfeld eröffnet, hätte er nie für möglich gehalten.

Andreas

Im Alter von neun Jahren bekam ich zu Weihnachten von meinen Eltern einen BMW M1 geschenkt – mit Fernsteuerung! Ich öffnete den Baukasten und fing sofort an, das Auto zusammenzubauen. Wir hatten milde Weihnachten, und deshalb konnte ich schon am ersten Weihnachtstag in unserem großen Hof den M1 fahren. Nach zwei Tagen hatte ich keine Lust mehr und gab meinem Vater das Auto zurück. Das war mir zu langweilig – stattdessen wollte ich ein Fahrzeug mit einem richtigen Motor, zum Selbstfahren, -lenken, -bremsen und Gas geben! Meine Eltern ließen sich auf meinen Wunsch ein, und wir verkauften das Modellauto wieder. Drei Monate später beschaffte ich mir mit diesem Geld einen alten Rasenmäher-Trecker. Wir bauten das Mähwerk ab, und vor mir stand mein erstes motorisiertes Gefährt! Ab sofort machte ich mit meinem Trecker die Straßen unserer Stadt unsicher. Das war der Anfang meiner Leidenschaft für Fahrzeuge und Motoren. Mit elf Jahren fuhr ich ein Moped, mit fünfzehn das Motorrad meines Vaters – natürlich wusste er davon nichts. Mein Papa war von meinen Basteleien derart begeistert, dass er mir einen Motor-Gokart kaufte. Auch dabei blieb es nicht: Noch vor meinem achtzehnten Geburtstag hatte ich neun Motorräder in unserer Garage stehen. Alle von mir zusammengebaut und funktionstüchtig gemacht.

Trotz meiner Vorliebe für Fahrzeuge und Motoren wollten meine Eltern, dass ich einen Beruf erlernte, der nichts mit alledem zu tun hatte. Schweren Herzens stimmte ich zu. In den Sommerferien, unmittelbar bevor ich auf die weiterführende Schule kam, war ich mit meinem Vater im Auto unterwegs. Der Motor klang komisch, und ich vermutete einen Schaden am Kolben. Mein Vater fuhr die nächste Werkstatt an, der Meister und der Geselle kamen aus der Halle, sahen mich und fragten, wie denn meine Zukunftspläne aussehen würden. *„Ich gehe weiter auf die Schule“*, antworte ich. Beide starrten mich an. Nach einer Weile fragte mich der Meister: *„Hast du dir das gut überlegt?“* Ich schüttelte den Kopf und antwortete ihm: *„Nein, hab' ich nicht. Ich fang' bei euch an!“*

An meinem ersten Arbeitstag beobachtete ich fasziniert, wie der Geselle eine Ausbeularbeit an einem Ford Konsul machte. Das hat mich dermaßen begeistert, dass ich mir schwor: *„Das willst du auch können, und, wenn's geht, noch besser!“* Im Nachhinein war dieses Erlebnis die Geburtsstunde meines Wunsches, auch eine eigene Werkstatt zu haben. Heute, viele Jahre später, lebe ich diesen Traum.

EIN STÜCK VOM HIMMEL

Was mich an meiner Selbständigkeit fasziniert, ist, dass ich mit unheimlich vielen Menschen in Kontakt komme – und das aus jeder Schicht unserer Gesellschaft. Natürlich spreche ich mit den Leuten über ihre Autos, doch dabei bleibt es oftmals nicht. Vor einiger Zeit kam ein Mann, der Probleme mit dem Getriebe seines Wagens hatte. Wir gingen die verschiedensten Möglichkeiten durch, um die günstigste Variante herauszufinden. Nach getaner Arbeit verließen wir die Werkstatt und setzten uns noch eine Weile in die Sonne. Mit einem Mal fing der Kunde an, über sein kaputtes Leben zu sprechen. Einfach so! Wir saßen da und sprachen nicht mehr über ein kaputtes Getriebe, sondern über ein zerstörtes Leben. Ich war zunächst total erstaunt über den Werdegang des Gesprächs, aber dann konnte ich ihm von meinem Glauben erzählen; konnte davon berichten, wie ich mit Problemen umgehe und was mir Halt in meinem Leben gibt. Auf diese Weise kamen wir auf Jesus zu sprechen. Für mich war dieses Erlebnis sehr bewegend – und auch für meinen Kunden.

Der Glaube an Jesus ist für mich keine Theorie. Morgens beginne ich mit Jesus meinen Tag, und dann gehe mit ihm zur Arbeit. Doch da gibt´s auch Zeiten, da denke ich wenige Stunden später schon nicht mehr an das, was ich glaube und was mir für mein Leben wichtig ist. Es geht so schnell ... Es kann sein, dass ich im Stress des Alltags Jesus aus den Augen verliere. Da geht´s dann nur noch um Bestellungen, Kotflügel und defekte Motoren. Das sind für mich keine guten Zeiten. Kürzlich war´s mal wieder soweit. Und doch hat ein ganz bestimmtes Ereignis dazu geführt, dass ich wieder wusste, warum ich glaube, was mir Jesus bedeutet. Solche Erfahrungen machen mir neu bewusst, dass ich so leben will, dass Jesus ein fester Bestandteil meines Lebens ist. In der Werkstatt, mit den Kunden und in meiner Freizeit. Immer.

Uwe

Als eine kleine Dorfkirche verkauft werden soll, wird Uwe aktiv. Er bekommt den Zuschlag, erwirbt das Gotteshaus, lässt es nach seinen Plänen umbauen und macht daraus ein christliches Trauerhaus. Uwe, der eigentlich Bankkaufmann lernte und daran noch ein Studium zur Betriebswirtschaft im Möbelhandel anschloss, kam über seinen Schwiegervater mit dem Bestattungsgeschäft in Berührung. Obwohl er täglich mit dem Tod und mit dem Leid der Hinterbliebenen konfrontiert wird, ist er der festen Überzeugung, dass er einen Beruf ausübt, in dem er Hoffnung weitergeben kann.

Uwe

Ich hatte mich verliebt – und wie! Dem Vater meiner damaligen Freundin gehörte ein Möbelhaus, an das auch ein Bestattungsgeschäft angeschlossen war. Im jugendlichen Eifer wollte ich dem Vater meiner Freundin zeigen, was ´ne Harke ist, und sagte zu ihm: *„Klar, wenn Sie mich brauchen, dann komme ich gerne mit und helfe bei einer Beerdigung!“* Mit neunzehn Jahren wurde ich dann zum ersten Mal mit einem verstorbenen Menschen konfrontiert – mein (heutiger) Schwiegervater konnte sich offensichtlich gut an mein großspuriges Angebot erinnern ...

Beim Anblick des ersten Toten bin ich weder umgefallen noch hatte ich Albträume. Vor mir lag ein lebloser Körper, und all das, was diesen Menschen bis vor wenigen Stunden noch ausgemacht hatte – sein Reden, das Lachen, atmen – das alles war nicht mehr da. Einfach weg.

Vermutlich stellte ich mich beim ersten Mal nicht ungeschickt an, denn mein Schwiegervater nahm mich noch einmal mit, und dann wieder ... und wieder. Mit der Zeit stellte ich fest, wie wichtig diese Arbeit ist – und das nicht nur, um einem toten Menschen die letzte Ruhe zu ermöglichen, sondern mir wurde auch der Umgang mit den Hinterbliebenen sehr wichtig – sie möchten reden, brauchen Trost und erwarten zu Recht Hilfe!

Nach einigen Jahren – mit meiner damaligen Freundin war ich inzwischen verheiratet und verdiente mein Einkommen als Möbelverkäufer – kam ich an einen Punkt in meinem Leben, an dem ich nicht mehr so weiterleben wollte. Es lief alles in geregelten Bahnen. Alles normal. Gott hatte auch seinen (Sonntags-)Platz in meinem Leben, und nach außen hin schien alles in Ordnung. Doch in mir sah das anders aus – ich kann das schlecht beschreiben, aber da war eine innere Unruhe in mir, und ich sagte mir ständig: *„Das ist nicht das Leben, das du führen möchtest. So nicht!“* Und dann kam dieser Satz, den ich Gott entgegenschleuderte: *„Wenn es dich gibt, dann möchte ich, dass du in mein Leben eingreifst und mir zeigst, wie es weitergehen soll! Ich bin bereit, mich von dir verändern zu lassen und bin bereit, neue Wege zu gehen.“* Und das Ergebnis, so verrückt das auch klingen mag, heißt: Heute bin ich selbständiger Bestatter, habe ein Bestattungskonzept entworfen und besitze ein Trauerhaus, das früher eine Kirche war.

Meine Arbeit fordert mich doppelt heraus – da ist zum einen der würdevolle Umgang mit den Toten; doch der wichtigste Aspekt ist für mich der Umgang mit den Hinterbliebenen. Hier werden mir immer die gleichen Fragen gestellt: *„Was ist jetzt?“* Und: *„Könnte es sein, dass nach dem Tod doch noch ‚etwas‘ kommt?!?“*

Ich glaube an Gott, an Jesus und an das ewige Leben. Diesen wichtigen Aspekt in meinem Leben verschweige ich nicht. Oft erzähle ich den Trauernden die Geschichte von Jesus, als er am Kreuz hängt – zwischen zwei Schwerverbrechern. Ich erzähle ihnen, wie einer dieser Verbrecher anfängt, Jesus zu verspotten. Der andere Verbrecher verbietet ihm diesen Spott und bittet dann Jesus, ihn nicht zu vergessen, wenn er in sein Königreich kommt. Jesus wendet sich dem Verbrecher zu und verspricht ihm: *„Noch heute wirst du mit mir im Paradies sein!“* Das ist für mich ein ganz starkes Bild und ein starkes Thema für Gottes Liebe und seine Vergebung.

Keiner von uns weiß, was in den letzten Sekunden des Lebens passiert. Und ich hoffe für jeden, dass es noch zu dieser Begegnung kommt. Den Hinterbliebenen wünsche ich, dass sie diesem Jesus begegnen. Und an ihn glauben.

Brigitte

Brigitte überquerte den Atlantik in einem kleinen Segelboot. Zusammen mit ihrem Mann trotzte sie Wind und Wellen, versegelte sich, und anstelle der gängigen Blauwasserroute ging´s nun von den Kapverden aus über den Atlantik. Dass die beiden trotzdem in Salvador de Bahia ankamen, ist ein Wunder. Der Kampf gegen die Elemente auf dieser lebensgefährlichen Route war für beide ein holpriger Start in ein anderes, neues Leben.

Brigitte

Michael und ich waren beide selbständig und verdienten unglaublich viel Geld. Finanziell ging es uns richtig gut, und trotzdem waren wir nicht zufrieden. Als Michael ankam und davon sprach, alles verkaufen zu wollen, um dann auf einem Segelboot eine Weltumseglung zu starten, konnte ich mich mit diesem Gedanken zunächst gar nicht anfreunden. Ich war eine ängstliche Frau, hatte Angst vor Gewittern, und das Wasser interessierte mich überhaupt nicht. Trotzdem gab ich nach und stimmte Michaels Vorschlag zu.

Für die Überquerung bereitete ich mich bis unter die Haarspitzen vor. In meinem Gepäck befand sich geweihtes Wasser aus Lourdes, gesegnete Kerzen, mein Rosenkranz und zudem noch die Marienstatue, die meinen Papa schon im Krieg beschützte. Also – was konnte mir passieren? Dachte ich – doch dann kam der Sturm.

Es war so schlimm ... das ist kaum zu beschreiben. Am besten kann man das mit einer Achterbahn vergleichen, einer Achterbahnfahrt, die niemals aufhört! Tagelang! Es wurde heißer und heißer, die Wellen immer höher, wir mussten uns alle drei Stunden am Steuer abwechseln, damit der andere wieder zu Kräften kommen konnte. Doch selbst das gelang nicht. Auch Michael hatte jetzt richtig Angst, und das will etwas heißen.

Doch plötzlich ließ der Sturm nach. Das Bedrohliche verschwand, wir hatten das Boot wieder im Griff, und dann habe ich gemerkt, dass Michaels Angst nicht nachließ – im Gegenteil, sie wurde noch schlimmer. Plötzlich rief er aus: *„Brigitte, glaubst du, dass es einen Gott gibt?“*

Was ich nicht wusste, war, dass er im Sturm zu Gott geschrien und ihn angefleht hatte, uns doch hier gesund herauszuholen. Und sollte das passieren, dann, so Michael, würde er an Gott glauben und sich taufen lassen.

Nach einigen Tagen kamen wir tatsächlich in Brasilien an! Überall Musik, lebensfrohe Leute und wir beide mittendrin. Schnell vergaß Michael sein Versprechen, und auch ich dachte nicht mehr an den Sturm. Wir waren glücklich und hatten Spaß.
Alles wieder gut!

Zur Hochzeit unserer Tochter flogen wir nach Deutschland zurück, und dort holte uns die Vergangenheit ein. Michael ging es schlecht, er dachte wieder an sein Versprechen auf dem Meer und fing dann tatsächlich an, an Jesus zu glauben. Ich verstand das zwar alles nicht, weil ich ja die Taufe, die Firmung und den Papst hatte, aber wenn Michael meinte ... von mir aus. Nach den Feierlichkeiten flogen wir zurück nach Argentinien, zurück aufs Boot.

Dort begann für mich eine Zeit, in der mich meine eigene Geschichte einholte. In mir wurde es dunkler und enger. Alte Ereignisse von früher tauchten plötzlich auf und sorgten dafür, dass ich nicht mehr fröhlich sein konnte. Michael spürte das und distanzierte sich von mir. Mir machte das nichts aus. Ich wollte keine Nähe und igelte mich ein. Schon als Kind hatte ich Gewalt und Missbrauch erlebt – und schon damals verzog ich mich hinter meine innere selbst gebaute Mauer. So wie jetzt. Es kam zu einer großen Krise zwischen Michael und mir, und ich flog allein zu meiner Mutter, zurück nach Deutschland.

An einem Sonntag besuchte ich einen Bekannten, den ich in Argentinien kennengelernt hatte. Der schleppte mich mit in seine Gemeinde, und dort hörte ich zum ersten Mal in einer Predigt von einem verlorenen Schaf, das aber von Jesus gesucht wurde. Der Prediger heulte Rotz und Wasser, und ich wusste, dass der da vorne mich meinte. Ich war das verlorene Schaf! Ich war diejenige, die immer unterwegs war und sich am Rand des Lebens aufhielt. Trotz allem Schönen. Und ich weiß noch, wie ich ausrief: „Ich will auch ein Stück vom Himmel!" Und dann sagt doch mein Bekannter tatsächlich: „Das ist zu wenig. Du brauchst Jesus."

Winny

Begeisterter Motorradfahrer, Aktivist in der Szene organisierter Motorradgruppen und doch Romantiker. Hat es geschafft, mit seinem Bike innerhalb von acht Wochen über 20.000 Kilometer anstandslos abzuspulen. Sein Trip brachte ihn bis an die russisch-mongolische Grenze. Unterwegs traf er auf die immer größer werdenden russischen Motorradgangs. Mit ihnen sprach er über Motoren, Benzingemisch, das Biken und über den Glauben an Jesus.

Rette Dich
WeR kann!
SHOEI
NGK
MOTOPARTS

Africa Twin
HONDA

Winny

In unserer Familie gehörte das Motorradfahren einfach dazu – allerdings nicht, um der untergehenden Sonne entgegenzureiten, ondern als Alltagsgegenstand, als Fortbewegungsmittel, um am schnellsten von A nach B zu gelangen. Ich habe drei ältere Brüder, und die machten mir von Anfang an unmissverständlich klar, dass ich, solange sie zu Hause waren, noch nicht einmal daran denken zu brauchte, mit dem Motorrad eine Runde zu drehen. Logisch, dass das meinen Wunsch verstärkte, irgendwann selbst ein Motorrad zu besitzen. Ich wollte fahren, ohne dass ich jemanden um Erlaubnis fragen musste. Nach meiner Hochzeit erfüllte ich mir diesen Traum: Ich kaufte mir ein kleines Motorrad und konnte damit machen, was ich wollte! Kurze Zeit später besorgte ich mir eine größere Maschine, dann noch eine stärkere und so weiter. Es wurde meine Leidenschaft, Motorrad zu fahren. Unterwegs sein. Freiheit! Auf meinen vielen Fahrten traf ich einen Motorradfahrer, der mir Mut machte, meine Leidenschaft fürs Fahren und meine Leidenschaft für Gott miteinander zu verbinden. Diese Begegnung war der Start hinein in die organisierte Bikerszene.

Mit der Zeit wurde ich zum Motorradmissionar. Der Weg wurde zum Ziel. So viele Eindrücke! So viele unterschiedliche Gerüche! Blühende Rapsfelder, die Bauernhöfe, kleine Straßen und dann die Treffen an den Lagerfeuern – Menschen, mit denen ich übers Benzin sprach und über den Glauben. Ich bin dort, wo Menschen sind. Das alles ist ein Teil meiner selbst geworden.

Ich werde oft gefragt, was mich antreibt. Ob es reine Menschenliebe sei, wollen die Leute von mir wissen, oder ob es sich doch um bloße Abenteuerlust handelt. Darauf habe ich eine klare Antwort: Es ist beides. Ich liebe es, unter Menschen zu sein und auf unbekannte Leute zu treffen. Ich liebe es, eine Zeit mit ihnen zu leben, mit ihnen gemeinsam ein Stück ihres Lebens zu gehen; ich will vom Lebensmut anderer Menschen lernen; ich möchte sehen, wie sie ihren Alltag meistern. Und natürlich liebe ich es auch, mit dem Motorrad unterwegs zu sein. Es ist beides – und bisher war es immer so, dass ich von meinen Touren als veränderter Mensch zurückgekommen bin.

Das größte Abenteuer ist für mich, wenn ich anderen von meinem Glauben an Jesus erzähle und dass sie dann anfangen, über Jesus nachzudenken und an ihn glauben. Bei Jesus bekommen sie ihren Hunger gestillt – ihren Hunger nach etwas, was sie schon immer gesucht, aber nirgends gefunden haben. Weder auf einem tollen Motorrand noch in einer Organisation. Wenn das passiert ... das begeistert mich!

EIN STÜCK VOM HIMMEL

Und so bin ich unterwegs. Immer noch. Und immer noch gerne. Meine Hoffnung ist es, andere Menschen mit diesem Lebensstil anstecken zu können, diese Freiheit zu entdecken und zu genießen. Ich wünsche mir sehnlichst, dass die Menschen, die meinen Weg kreuzen, diese Freiheit erleben, wie sie nur Gott schenken kann.

Das ist mein Lebensinhalt – einen anderen möchte ich nicht.

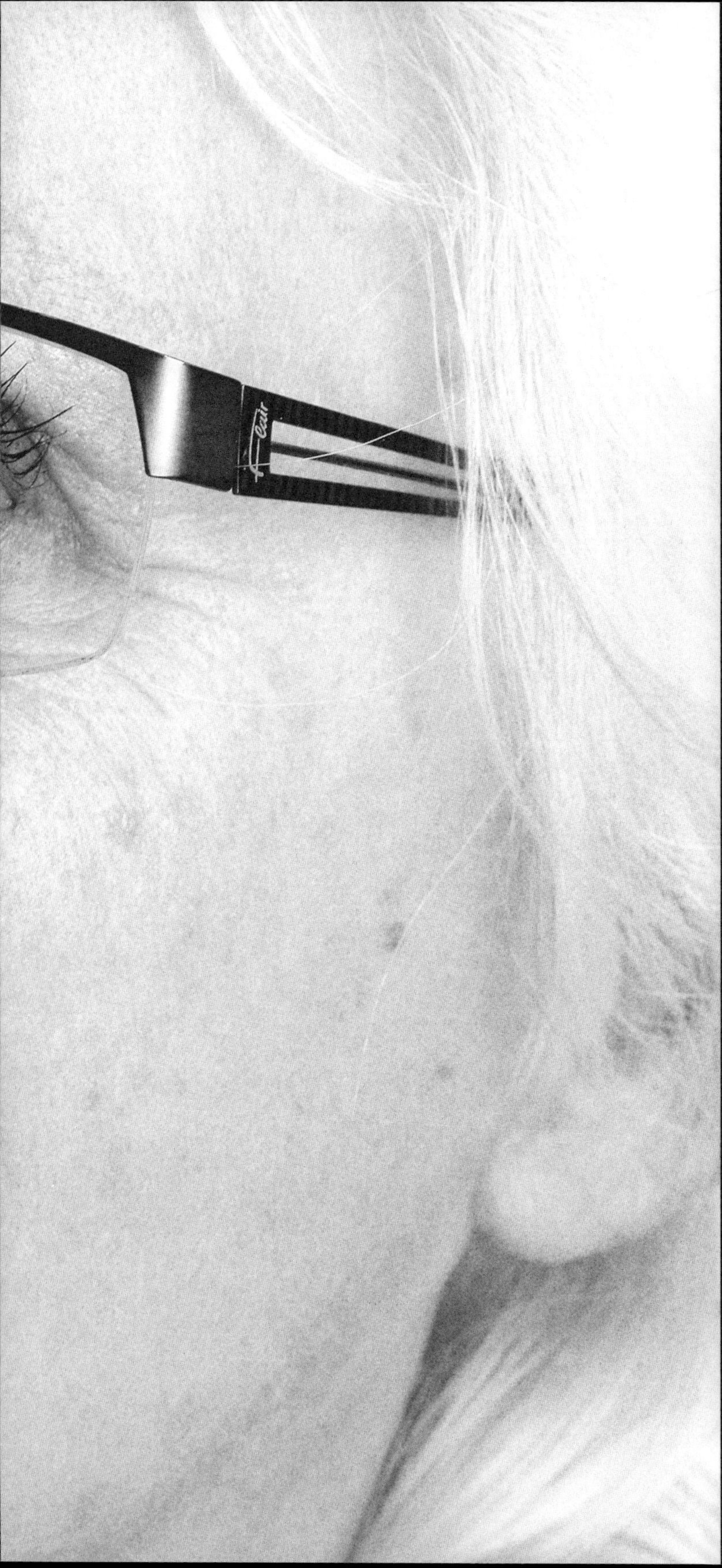

Lydia

Perfekter Standort, guter Umsatz, zufriedene Kundschaft. Bis zur Wirtschaftskrise. Dann die Schieflage. Zuletzt der freie Fall. Lydia spricht über ihre Erfahrungen und Empfindungen in einer sehr schwierigen Lebensphase – einer Zeit, in der Begriffe wie „Insolvenz", „Planungsfehler" oder „Schulden" ihren Alltag bestimmten.

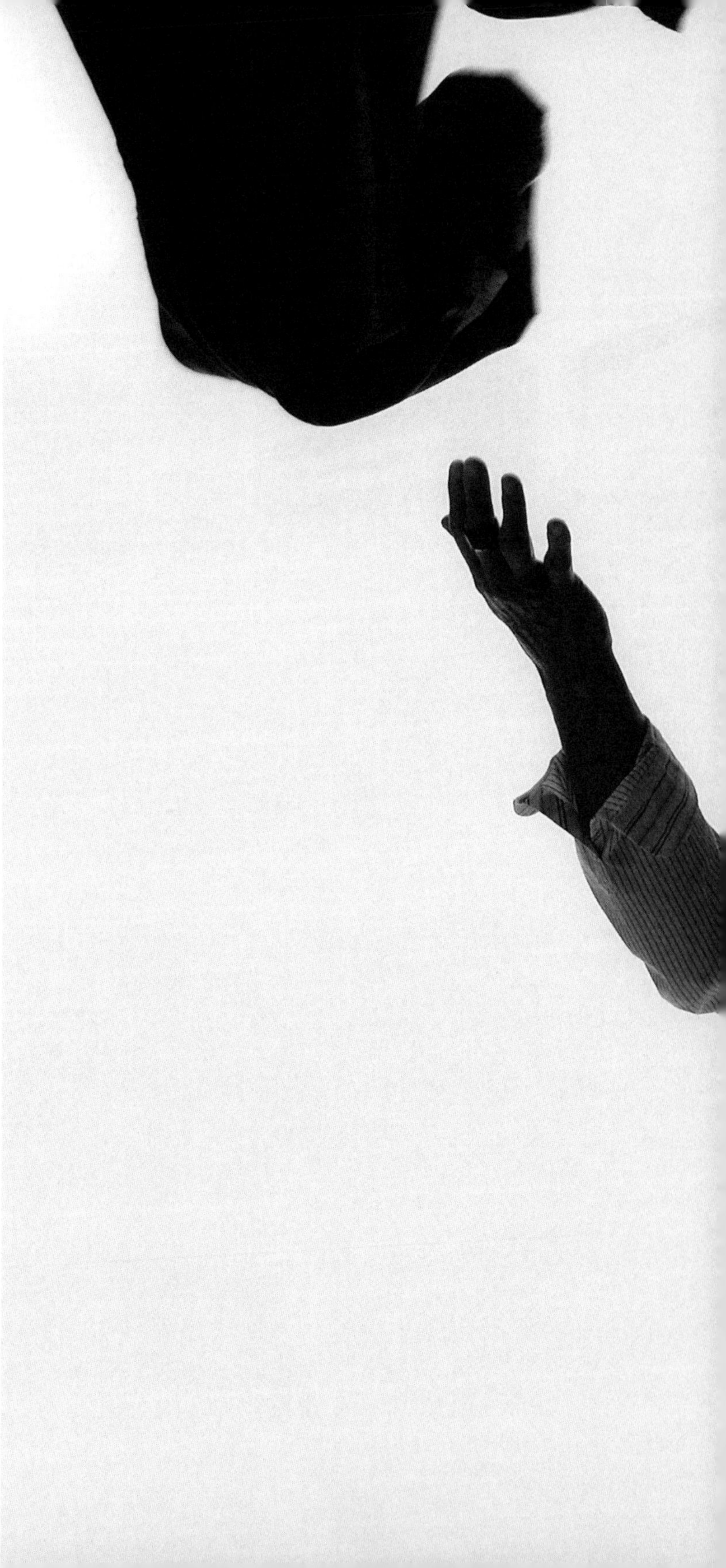

Lydia

Es war so ein altes, kleines Häuschen. Altbau, etwa 100 qm, kleine Fenster – wunderschön. Mein Laden! Ich verkaufte Klamotten aller Art und hatte eine ganz, ganz hervorragende Zeit. Über die könnte ich ein Buch schreiben, tolle Erlebnisse und interessante Erfahrungen!

Die ersten zehn Jahre meiner Zeit als Geschäftsfrau liefen wunderbar. Dann kam die Wirtschaftskrise, und ich steuerte in eine sehr schwierige Zeit. Überall hörte man von Insolvenzen, die Kundschaft wurde weniger und ich musste handeln, denn die Bank stand schon auf der Matte und sagte: *„Sie haben viel eingekauft, aber die Rechnungen werden nicht bezahlt."* Ich bat um Stundung, und das hat man mir auch gestattet.

Als sich die wirtschaftliche Situation zum Besseren veränderte, hatte ich meinen Laden wieder voll. Zum Start in die neue Saison plante ich fürs Wochenende ein besonderes Event – mein Laden war wieder wunderschön dekoriert, die Kundinnen freuten sich darauf und ich mich auch. Wenige Tage vor der Aktion betrat ich morgens mein Geschäft – und fand es völlig ausgeraubt. Nur noch die Kleidung an den Schaufensterpuppen hatten die Diebe zurückgelassen, alles andere wurde gestohlen. Natürlich war ich versichert, aber nicht so hoch, dass die ganze Ware hätte bezahlt werden können. Außerdem konnte ich auf die Schnelle nicht die Kleidung besorgen, für die sich meine Kundschaft interessierte.

Dieses Ereignis war der Startschuss für ein äußerst schwieriges, fast katastrophales Jahr: Die Banken wollten ihr Geld, stellten ihre Forderungen, in der Firma meines Mannes kriselte es, eine schwierige Operation stand an und in allem ignorierte ich die Stimme Gottes. Der sagte zu mir: *„Lydia, hör auf! Jetzt ist die Chance."*

Und ich war so vermessen und habe gedacht: *„Du musst weitermachen. Das geht gar nicht. Ich kann doch jetzt nicht einfach alles stehen und liegen lassen!"* Nach kurzer Zeit entdeckte ich die Annonce, dass ein Laden in der Innenstadt zur Miete angeboten wurde. Er war wesentlich kleiner als der vorige, überteuert, doch die Lage schien vielversprechend. Ich unterschrieb den Mietvertrag, und das erste Jahr lief auch recht gut.

Dann kam der 11. September, und alles veränderte sich. Die ganze Stadt war gelähmt, die Kundschaft zog sich zurück und ich stand erneut vor dem Ende. Erst jetzt wurde mir bewusst, dass es so nicht mehr weitergehen konnte. Mir fehlte die Kraft, um weiterzumachen. Auf der Suche nach einem Nachmieter kam ich mit einer jungen Frau ins Gespräch, die Interesse an meinem Geschäft hatte. Sie war voller Elan, wollte dann auch die Kosten übernehmen, bat mich aber, ihr zu helfen, damit sie gut ins Geschäftsleben einsteigen konnte. Das habe ich auch gemacht, fuhr mit ihr zum Einkaufen, gab ihr Tipps, half mit bei der Dekoration, und dann kam der Zeitpunkt, an dem sie selbständig das Geschäft führte. Die junge Frau bat mich, dass sie zunächst die Hälfte der Kaufsumme bezahlen und die andere Hälfte in festgelegten Monatsraten abstottern konnte. Ich willigte ein. Von dem Geld habe ich nur einen kleinen Teil gesehen, weil sie den Laden vor die Wand gefahren hat. Und dann stand ich da und besaß gar nichts mehr, außer hohen Schulden.

Es folgte eine Zeit der Veränderung: Wohnungswechsel, Ortswechsel (wer nimmt schon jemand, der über 60 ist ...) – und doch kam es zu einem Neuanfang. Mein Mann erlebte in seiner Firma einen Aufschwung, der bis heute anhält. Gott gab uns eine neue Chance!

Heute leben wir in einer kleinen Wohnung, haben einen kleinen Garten und leben bewusst im Heute. Gott sagte uns: *„Ihr habt viele Fehler gemacht, habt mir nicht gehorcht, aber ich bin da. Vertraut mir, und ich werde euch durch eure Not hindurchführen!"* An dieser Zusage Gottes halten wir fest. Bis zum heutigen Tag. Was danach kommt, wie unser Leben in Zukunft mit geringen Einkünften aussieht, werden wir sehen, aber in allem vertrauen wir Gott.

Andi

Für Andi war die Spielzeit der Fußball-Bundesliga 2010/2011 eine bombastische, denn sein Herz-Schmerz-Lieblingsverein, die Borussia aus Dortmund, erkämpfte sich (endlich wieder!) die deutsche Meisterschaft. Wenn Andi nicht auf der Südtribüne im Stadion steht und leidenschaftlich seine Schwarz-Gelben anfeuert, berät er seine Kunden in finanziellen Angelegenheiten oder macht mit seiner Frau die Innenstadt von Köln unsicher. Genauso leidenschaftlich.

MOTEL
FORMALDEHYDE SOLUTION
2209
2Z
GAS
DIESEL

Andi

Die Saison 2010/2011 war genial – Dortmund wurde Deutscher Fußballmeister, und es gab so viele coole Spiele, bei denen ich auch dabei war! Für den 31. Spieltag – Dortmund spielte auswärts in Mönchengladbach, bekam ich von einem Kollegen dessen Dauerkarte geliehen. Das Problem an der Sache war, dass sich sein Stehplatz in der Nordkurve befand – also genau mittendrin bei den harten Gladbach – Fans! Da das Spiel aber restlos ausverkauft war, überlegte ich nur kurz und fuhr dann am Samstagnachmittag ins Stadion.

Es kam, wie´s kommen musste – Gladbach ging mit 1:0 in Führung, und um mich herum brüllten und tobten alle. Da stand ich dann mit meinem neutralen T-Shirt, ärgerte mich über den Rückstand, und alle anderen um mich herum schrien vor Glück. Eigentlich logisch, dass die Fans von Gladbach schnell feststellten, dass ich keiner der Ihren war. Sie machten mich an, fragten mich sogar, ob ich etwa einer von den Schwarz-Gelben sei. Ich wusste nicht, was ich auf die Schnelle antworten sollte, und sagte dann kurz angebunden, dass ich „neutral" sei. Die Gladbacher Fans glaubten mir (natürlich) nicht. Ihre Sticheleien wurden heftiger und ... ich bekam es wirklich mit der Angst zu tun. Mir blieb keine andere Wahl: Für die zweite Halbzeit suchte ich mir einen anderen Platz – einer, an dem ich mich sicherer fühlte.

Nach dem Spiel war ich gefrustet. Zum einen hatten wir verloren, zum anderen musste ich ständig an die Situation im Fanblock denken.

Auf dem Weg zum Auto fiel mir eine Geschichte aus der Bibel ein. Dort streitet ein enger Freund von Jesus ihre gemeinsame Freundschaft ab, weil er Angst davor hat, wegen dieser Freundschaft getötet zu werden. Natürlich kann man das nicht mit meiner Situation vergleichen – ich denke, dass die meisten Dortmund-Fans mit mir mitfühlen können – und trotzdem konnte ich mich mit einem Mal noch viel besser in diesen Freund (er hieß Petrus) hineinversetzen. Der hatte Angst um sein Leben! Und ich hab' mir so vorgestellt, was damals Jesus wohl gedacht haben muss: Einer seiner engsten Freunde streitet ab, ihn zu kennen. Das muss für Jesus eine furchtbare Enttäuschung gewesen sein.

Diese Geschichte von Petrus kenne ich schon sehr, sehr lange, doch an diesem Samstagnachmittag wurde sie lebendig – denn ich habe mich gefragt, wie ich gehandelt hätte – damals, wenn ich so wie

Petrus dagestanden hätte und es um mein Leben gegangen wäre. Wie hätte ich reagiert? Was hätte ich gesagt?

Ich bin mir ziemlich sicher, dass ich mich ganz ähnlich wie Petrus verhalten und versucht hätte, mein Leben zu retten.

Was mich an der Sache freut, ist die Tatsache, dass Jesus später wieder auf Petrus trifft und er ihn noch einmal auf den Verrat anspricht, ihm aber keinen Vorwurf macht, sondern ihm vergibt.

Das finde ich so cool, denn auch ich brauche diese Vergebung! Ich bin ein Mensch, der immer wieder Fehler macht, und ich finde es so genial, dass Jesus sagt: Ihr seid nicht perfekt, aber ihr könnt zu mir kommen, denn ich liebe euch trotz eures Versagens, und ich vergebe gerne. Genau das ist mir durch diese Geschichte neu bewusst geworden: Jesus liebt mich, er vergibt mir meine Fehler und schenkt mir einen Neuanfang!

Rita

Sie ist ein Ins-Leben-Bringer. Werdende-Väter-Versteher. Zuhörer. Tröster. Aufklärer. Mutmacher. Kurz und knapp formuliert: Rita ist Hebamme von Beruf. Die genaue Anzahl der Babys, die sie schon auf ihrem (holprigen) Weg ins Leben begleitet hat, kennt sie nicht. Sie führt keine Strichliste und verschwendet keine Zeit für statistische Erhebungen. Ihre Zeit verbringt sie viel lieber mit den Müttern, den Vätern und den Ungeborenen, um deren Start ins Familienleben nicht dem Zufall oder wem auch immer zu überlassen.

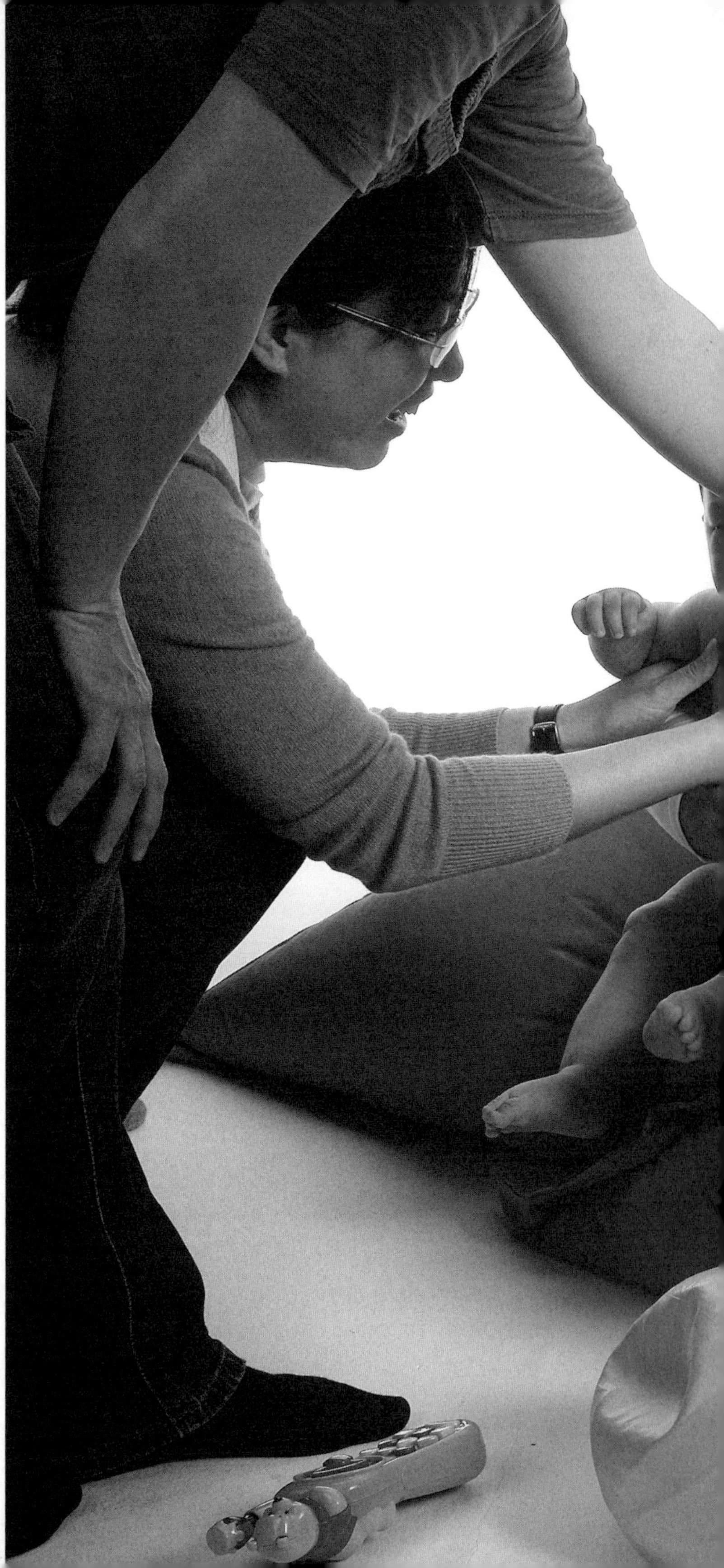

Rita

Nach meiner Ausbildung zur Krankenschwester arbeitete ich auf einer Station, auf der viele Krebskranke lagen. Mit der Zeit hat mich der Dienst dort sehr belastet – die Schwerkranken, die häufigen Todesfälle, die Trauer – mir hat das zu schaffen gemacht. Als ich für eine kurze Zeit im Kreißsaal aushelfen musste, fiel mir dieser extreme Unterschied auf: Dort, auf meiner Station, gab´s den ständigen Kampf gegen den Tod, und hier, auf der Entbindungsstation, pulsierte das neue Leben. Ich musste nicht lange überlegen: Innerhalb kurzer Zeit entschied ich mich für die weiterführende Ausbildung zur Hebamme.

Heute weiß ich, dass meine damalige Einstellung ziemlich blauäugig war, ich hatte ja keine Ahnung, was es bedeutet, Hebamme zu sein. Das beinhaltet viel mehr als nur die Hilfe bei einer Geburt und die Nachsorge von Mutter und Kind. Bei meiner Entscheidung war mir dies nicht bewusst, und trotzdem bin ich dankbar, diesen Beruf gewählt zu haben.

Ein Blick in meinen Alltag macht deutlich, welchen Umfang meine Arbeit hat: Da kommt eine Frau zu mir in die Praxis und äußert die Vermutung, schwanger zu sein. Fällt der Schwangerschaftstest positiv aus, heißt das nicht automatisch, dass sich riesige Freude breit macht. Für viele ist das zunächst ein gewaltiger Schock, weil das Kind nicht in die Lebensplanung hineinpasst. In solchen Situationen versuche ich herauszuhören, was die Freude über das Baby verhindert. Ist es das Umfeld der Frau, die Familienkonstellation, der unbekannte Vater, ihr Beruf? Beim nächsten Besuch versuche ich der werdenden Mutter zu erklären, was in ihrem Körper passiert. Die Veränderung des Körpers ist ja nur die eine Seite, die andere ist die Veränderung der Psyche. Das wird oft übersehen, dabei ist das ein extrem wichtiger Punkt: Der Körper verändert sich, die werdende Mutter hört die Herztöne ihres Kindes, sieht die Bilder auf dem Ultraschall – alles Kennzeichen der Schwangerschaft und ein Beweis fürs Kind im Körper. Aber die Psyche braucht auch ihre Zeit, um nachzukommen. Sie ist schwanger ... aber nicht sofort Mutter. Und deshalb ist es gut, dass ich so viele Monate mit der Frau gemeinsam verbringen kann; ich bereite sie langsam auf ihr Mutter-Sein vor.

Für mich ist es wichtig, dass auch die werdenden Väter bei den Besuchen dabei sind. Auch da gibt es nicht wenige, die mit der Schwangerschaft zunächst große Probleme haben. Männer denken meistens daran, was ein Kind mit sich bringt – und das sind oftmals keine positiven Gedanken: Da ist das Auto, das nun zu klein wird; die Wohnung und der fehlenden Platz; der bereits geplante Urlaub, der aus finanziellen Gründen nun nicht mehr möglich ist – also alles praktische Dinge, die den Männern durch die Gedanken gehen. Und hier versuche ich, die Männer von dieser Ebene wegzuholen und zu verdeutlichen: *„Das ist dein Kind! Das ist auch dein Bauch. In dem Bauch ist dein Kind. Vielleicht siehst du das gar nicht, aber es ist trotzdem da! Du kannst die Hand drauflegen, kannst Kontakt zu ihm aufnehmen, und dein Kind reagiert darauf.“* Für viele Männer ist das völlig unvorstellbar, weil sie echt Angst davor haben; sie legen dann ganz sanft ihre Hand auf den Bauch – und das ist viel zu wenig! An dieser Stelle ermutige ich die Männer, das Kind zu umarmen; ich fordere sie dazu auf, ihre Gedanken zum Kind zu lenken und sich zu verdeutlichen: Das ist DEIN Kind. Wenn sie das begreifen, ist das für viele wie eine Offenbarung. Für mich ist es total faszinierend, wenn der Mann dann plötzlich anfängt zu strahlen, weil ihm bewusst wird: *„Ich werde Vater!“*

Für mich ist Gott der Schöpfer des Lebens. Ich glaube an ihn. Und ich glaube auch, dass der Schöpfer des Lebens alles in seiner Hand hält. Das lässt mich nicht verzweifeln, wenn schwierige Situationen auf mich einströmen – denn nicht jede Schwangerschaft ist mit Freude und Hoffnung verbunden. Doch für mich ist es ein Vorrecht, für die Familien und die Ungeborenen zu beten. Das ist etwas, was mir in den vergangenen Jahren noch viel bewusster geworden ist: Ich bete viel für die Familien und stelle fest, dass dies meine Arbeit noch wertvoller macht, weil ich viel bewusster den Familien begegnen kann – auch bei schwierigen Diagnosen. Die Tatsache, dass Gott über allem wacht, entlastet mich. Das gibt mir die Ruhe und auch die Weisheit, das Richtige zu tun und das Richtige zu sagen.

Pascal

Was für ein Rennfahrer! Seine ersten und zweiten Plätze kann Pascal nicht mehr zählen. Er mischte die Szene der Seifenkistenrennen auf und setzte neue Maßstäbe. Als er älter wurde, wechselte er den fahrbaren Untersatz und ging in einem Motorgokart auf Pokaljagd. Mit achtzehn die logische Weiterentwicklung: Rundstreckenrennen. An den Wochenenden jagte er über die Pisten von Hockenheim, vom Nürburgring und Zolder. Dann ging ihm das Geld aus.

KONI

KART's

Pascal

Vor einiger Zeit blätterte ich in einem Familienalbum und entdeckte Bilder, auf denen ich ein Jahr alt war. Ich stand an Rennstrecken, saß in Formel-1-Boliden oder raste mit dem Bobbycar durch unsere Wohnung. Und das mit einem Jahr! Rennsport – mich hat das tatsächlich schon als kleiner Knirps fasziniert. Ich kann mich noch daran erinnern, wie in meiner Heimatstadt in Belgien ein Seifenkistenrennen stattfand. Da war ich zehn Jahre alt. Man konnte sich solche Kisten ausleihen und am Rennen teilnehmen. Mein Vater und ich schauten uns an – und mieteten uns eine Seifenkiste. Für uns war´s ein riesiger Spaß und gleichzeitig der Startschuss in mein Rennfahrer-Leben. In den ersten Jahren habe ich alle Preise abgeräumt, und dann fuhr ich sogar um die deutsche und europäische Meisterschaft. Das war eine echt coole Zeit und hat mich und meinen Vater total zusammengeschweißt. Dann kam die Zeit der Gokarts. Ich stieg in die Kartszene ein, und das machte Hammerspaß – die Motoren, das Benzin, die Spannung. Es war genial! Der nächste Schritt war, dass ich mit achtzehn Jahren mein erstes Rundstreckenrennen fuhr, und das war unglaublich: die Nervosität, die lauten Motoren, das Adrenalin pusht extrem, und dann der Start – es ist unbeschreiblich. Ich bin jetzt noch begeistert, wenn ich an die Zeit zurückdenke. Leider konnten wir die Rennen nicht fortführen. Wir hatten keinen Sponsor, und alles aus der eigenen Tasche zu bezahlen, das schafft kaum einer.

Als ich meinen Traum vom Rennfahren beerdigen musste, blieb ich trotzdem den Autos treu. Ich entwarf Stoßstangen, Motorhauben, Heckflügel – alles aus Glasfaser. Ich tunte Autos und kaufte mir einen Renault Clio. Den tunte und gestaltete ich nach meinen Vorstellungen. Nach achtzehn Monaten stand er da ... und sah genial aus. Auf Partys kamen wildfremde Leute auf mich zu und sagten *„Du bist doch der mit dem geilen Clio!“* Das schockierte mich, denn es war ja klar: Für die war ich nur deshalb interessant, weil ihnen mein Auto gefiel, es hammer lackiert war und ich in der entsprechenden Szene verkehrte. Das hat mich gestört, ich wollte das nicht. Das war alles so hohl – vor allem, wenn man bedenkt, dass der Clio in einigen Jahren auf dem Schrottplatz landen und dann kein Hahn mehr danach krähen würde. Und das habe ich gecheckt: Genauso würde es mir auch ergehen, wenn ich mich an diese Leute hänge. Bei denen war ich nur jemand, wenn ich ein cooles Auto fahre. Und da habe ich mir gesagt: *„Das will ich nicht! Das war nie meine Absicht!“*

EIN STÜCK VOM HIMMEL

Als ich fünf Jahre alt war, nahm mich meine Mutter in eine christliche Gemeinde mit. Ich hatte dort einige Freunde und ging gerne hin. Erst mit achtzehn verstand ich, dass es sich bei Gott und Jesus und Gemeinde nicht nur um einen sonntägliche Aktion handelte, zumal ich in den Sommermonaten sowieso nie dort war. Ich begriff, dass ich eine Entscheidung treffen musste: An Jesus glauben, so richtig, oder ... es bleiben lassen. Es hat eine Weile gedauert, bis ich wusste, was ich wollte. Mein *„Ja“* zu Jesus brachte dann die nächste Veränderung mit sich:

Ich fing an, mit anderen über meinen Glauben zu sprechen. Sie hörten zu, fragten nach und lachten mich auch dann nicht aus, als ich ihnen von meiner Liebe zu Jesus erzählte. Einige fingen sogar selbst an, an Jesus zu glauben. Dieses Erlebnis motivierte mich mehr als alle Siege zusammen, das war mir wichtiger als alle Pokale, die bei uns im Schrank stehen. Seit dieser Zeit habe ich Menschen im Blick – ich wünsche mir, dass sie nicht auf einem Schrottplatz landen, sondern in Ewigkeit leben.

YouTube

Dani

Kaum jemand wird sich an einen verregneten Nachmittag erinnern, vor allem dann nicht, wenn der schon über zwanzig Jahre zurückliegt. Es sei denn, an diesem Tag gab´s ein Ereignis, das die eigene Welt zum Stillstand brachte. So wie bei Dani. Wenn sie heute die Augen schließt, tauchen Bilder auf, und sie hört diese Stimmen von damals. Und Dani denkt an die Angst, die in den vielen Jahren ihre Begleiterin war.

War!

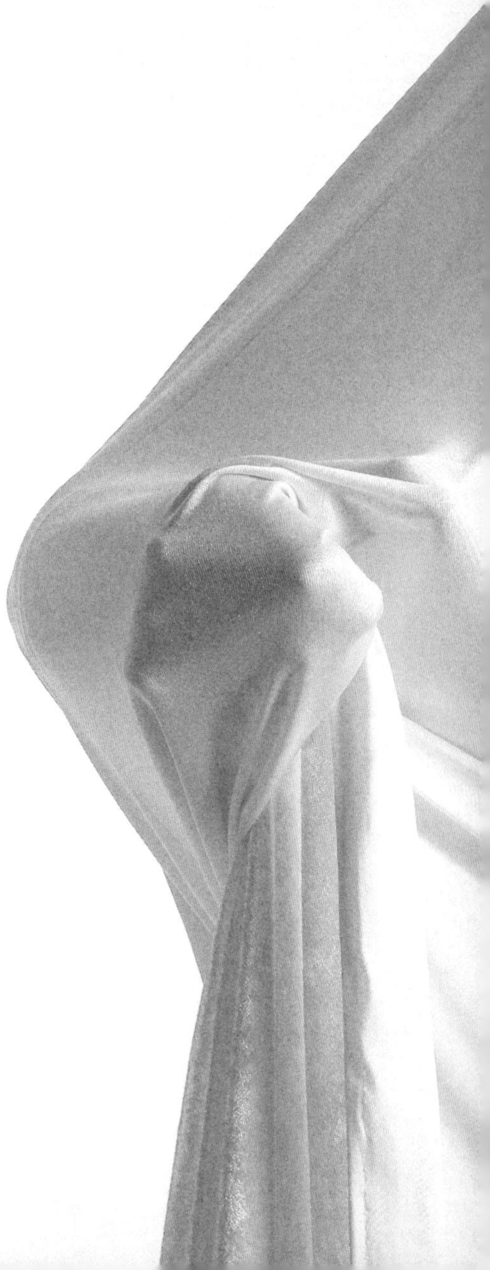

Dani

Wieder ein verregneter Nachmittag. Meine Freundinnen und ich langweilten uns. Eine kam schließlich auf die Idee, sich in die Videothek fahren zu lassen, um einen Film auszuleihen. Kurze Zeit später trafen wir uns bei ihr; sie legte die Videokassette ein, und dann ging´s los. Was ich nicht wusste – sie hatte sich einen Horrorfilm ausgeliehen, und ich war viel zu unbedarft und zu lieb und zu nett, um mir unter dem Wort „Horrorfilm" etwas vorstellen zu können. „Friedhof der Kuscheltiere" hieß er – und schon nach zwanzig Minuten wusste ich: *„Ich komm damit nicht klar, kann das nicht verkraften, was sich da so abspielt ... ich schaffe es nicht!"*

Obwohl sich in mir eine Angst breitmachte, die ich noch nie so gespürt hatte, getraute ich mich nicht, meinen Freundinnen davon etwas zu sagen. Ich war viel zu feige. Stattdessen drehte ich mich um, starrte die Wand an und zählte die Flecken auf der Tapete. Natürlich hörte ich jedes Wort. Ab und zu drehte ich mich um und starrte wieder in den Fernseher. Ausgerechnet in diesem Moment sah ich eine üble Szene – ein Jugendlicher lag halb tot und blutüberströmt auf einer Bahre – es sah ganz furchtbar aus ... und in diesem Augenblick, als sich ein Arzt über ihn beugte, schoss der Jugendliche hoch und würgte den Arzt. Exakt dieses Bild setzte sich in meinem Kopf fest.

Ich blieb dann bis zum Schluss, weil ich nicht uncool und schon gar nicht feige sein wollte, doch nach diesem Film veränderte sich mein Leben drastisch. Auf einmal hatte ich mit Ängsten zu kämpfen; hatte nachts Alpträume, konnte nicht mehr richtig schlafen. In den Keller und an dunkle Orte wagte ich mich nicht mehr. Meine komplette Jugendzeit hindurch lebte ich mit dieser Angst – erst als Erwachsene schien sich die Lage zu beruhigen, und ich konnte die Bilder und die Stimmen von damals aus meinem Kopf verdrängen.

Zwanzig Jahre nach diesem verregneten Nachmittag brach meine Welt zusammen: Eine Panikattacke nach der anderen zerstörte mich und meinen Alltag, und mir ging es furchtbar schlecht. Ich distanzierte mich von meinen Freunden, brauchte Medikamente, um den Tag zu überstehen, brauchte Ärzte und musste sogar für viele Wochen in eine Spezialklinik.

Das alles passte nicht in mein Glaubens- und Weltbild. Ich wurde christlich erzogen, ging in eine christliche Gemeinde und alles, was ich zum Thema „Angst" hörte, war: *„Ein Christ braucht keine*

Angst zu haben.“ Aber ich hatte Angst! Dabei glaubte ich doch auch an Gott und Jesus. Und somit hatte ich dann zwei große Probleme ...

Nach sieben Wochen Klinikaufenthalt wurde ich entlassen. Ich wusste nun, dass die Panikattacken ihren Ursprung in diesem verregneten Nachmittag hatten; ich erfuhr, dass ich als Christ sehr wohl Angst haben durfte und ich konnte akzeptieren, dass psychische Erkrankungen auch vor dem Leben eines Frommen nicht Halt machten. Und als ich von der Klinik nach Hause fuhr, war ich der festen Überzeugung, es nun geschafft zu haben und dass ab sofort meine schlechten Erfahrungen vorbei sein würden.

Um es kurz zu machen: Es war ein Trugschluss. Die positive Stimmung hielt tatsächlich einige Monate an, doch dann kam der nächste Absturz. Auslöser hierfür war eine schwierige Familiensituation, die mich anfangs total überforderte. Dass sich dadurch jedoch meine Krankheit zum Guten wenden und mein Glaube an Jesus eine ganz neue, tiefe Dimension erfahren sollte, das hätte ich niemals für möglich gehalten. Wie das passierte, davon erzähle ich dir in meinem Film.

Roland

Roland liebt seine Familie, das Campen und das Wasser. Jahrelang träumt er von einem Boot, mit dem er Wind, Wellen und Freiheit genießen kann. Dann entdeckt er das Angebot bei eBay. Auf den Fotos und in der Beschreibung scheint alles zu passen. Als das Schiff endlich angeliefert wird, offenbart es sich als Riesen-Baustelle. Noch bevor er mit der Renovierung beginnen kann, kommt eine andere, weitaus schwerwiegendere Baustelle hinzu: Krebs. Roland muss sofort ins Krankenhaus.

Roland

Vor ungefähr zweieinhalb Jahren entdeckte ich eine Annonce in der Zeitung; ein Boot wurde zum Verkauf angeboten, das mich an meine Jugendzeit erinnerte: Damals saß ich jeden Samstag pünktlich um sechs Uhr abends vor dem Fernseher. Dann kam „Flipper", eine Serie, in der ein Witwer mit seinen beiden Söhnen in Florida lebt und für einen riesigen Naturpark verantwortlich ist. Der hatte ein Boot – und fast genau dieses Boot verkaufte nun jemand, und ich dachte mir: *„Das ist es, das musst du haben!"* Voller Enthusiasmus ging ich den Deal ein, und als es dann endlich geliefert wurde, tja, da war es eine Riesen-Baustelle und gar nicht das Boot, das ich mir so erträumt hatte. Das bedeutete: Zunächst konnte ich das Boot nicht ins Wasser lassen, sondern musste arbeiten, restaurieren, kaputte Dinge erneuern – alles in allem eine riesige Baustelle. Unmittelbar vor dem Start der Renovierungsarbeiten dann der Schock: Ich verlor eine große Menge Blut. Im Krankenhaus offenbarten sie mir die Diagnose: Krebs.

Die ganzen Pläne, die Wünsche, das Boot ... - der große Traum wurde zerstört. Alles weg! Stattdessen lag ich im Krankenhaus und kämpfte mit dunklen, schweren Gedanken über das Leben und den Tod. Ich fragte mich, wie alles weitergehen soll. Und ich fragte mich auch, ob und wann ich jemals wieder mein Boot sehen und berühren konnte.

Ich habe mich sehr oft gefragt, warum das alles passierte; habe mich auch gefragt, was ich falsch gemacht hatte. Natürlich fand ich keine Antwort darauf. Aber den Gedanken war das egal – die blieben. Irgendwann in diesen dunklen Nächten fing ich an, über mein Boot nachzudenken. Ich träumte von ihm – träumte von der Freiheit. Mit Vollgas flog ich über die Wellen und habe das genossen. Diese Gedanken schafften es, mir meine Krankheit, die Nächte und auch die Schmerzen, die nicht durch Schmerzmittel wegzukriegen waren, erträglicher zu machen. Auf einmal hatte ich wieder eine Perspektive und wollte wieder aus dem Krankenhaus.

Bis ich mein Boot berühren konnte, dauerte es noch eine lange Zeit. Ich war sehr schwach und schaffte es kaum die Treppen hoch zu unserer Wohnung. Außerdem war es Winter, kalt und nass, und da die Chemotherapie das Immunsystem angreift, dauerte es noch Wochen und Monate, bis ich zum ersten Mal mit meiner Frau zusammen vor meinem Boot stand. Es war ein unbeschreiblicher Moment!

EIN STÜCK VOM HIMMEL

Natürlich habe ich in dieser schweren Zeit auch an den Tod gedacht. Ich habe mich gefragt, ob ich einen qualvollen Tod erleiden würde; ich habe darüber nachgedacht, wie wohl meine letzten Stunden sein würden. Und natürlich habe ich mich auch gefragt, was nach meinem Tod aus meiner Familie wird – die hier zurückbleiben muss und die mich dann nicht mehr hat. Doch ich muss ganz ehrlich sagen: Der Gedanke daran, dass mein irdisches Leben zu Ende geht, der hat mir keine Angst gemacht. Das echte, das wahre Leben beginnt für mich nach meinem Tod, denn für mich ist klar: Ich gehe zurück nach Hause; ich gehe zurück zu Gott, zu Jesus, und da geht es mir auf jeden Fall besser und da hat Krankheit überhaupt keinen Platz mehr. Von daher hätte ich diese Welt zwar relativ jung verlassen, was ich überhaupt nicht wollte, aber mit dem Tod hätte ein anderes Leben begonnen – das ewige Leben.

don‘t say eigentlich

Sie steht vor mir und starrt auf ihre Schuhspitzen. Tränen tropfen auf die weinroten Converse Chucks.
Dunkle Flecken werden schnell größer.
Schwarze, dünne Rinnsale verbinden Augen und Kinn miteinander. Selbst am Hals verschwimmt ein Rest vom Kajalstift.
Land unter im Osten.
Ich wollte gerade gehen.
Die Veranstaltung hat Kraft gekostet und bis nach Hause sind es über vierhundert Kilometer. Schon wieder eine Nachtfahrt.
Trotzdem bewege ich mich nicht von der Stelle.
Sie hat geheult.
Heftigst.
Ich schweige.
Mit dem Taschentuch versucht die Kleine, ihre Schminke in den Griff zu kriegen.
„Es ist okay,“ sage ich. „Lass es.“
Sie lässt das Taschentuch in ihrer Faust verschwinden und hebt den Kopf.
Kurz.
Schnell dreht sie ihn zur Seite und versucht, den Kampf gegen die Tränen zu gewinnen.
Vergeblich.
Das Mädchen lehnt ihren Kopf gegen die Mauer; ihr kleiner Körper schüttelt sich.
Sie hat die Kontrolle verloren.
Manchmal hat hört es sich so an, als ob sie gleich erstickt. Sie hustet und beugt sich nach vorne.
Ich muss das aushalten. Muss warten, bis sie wieder reden kann.

Es braucht lange, bis sie sich wieder einigermaßen im Griff hat.
Immer wieder zerreisst sie ihre Papiertaschentücher in Fetzen und lässt sie zu Boden segeln.
Es sieht aus, als ob es geschneit hat.
Nur bei ihr.
Sie öffnet ihren Mund, schließt ihn wieder, holt tief Luft und zerfetzt das nächste Taschentuch.
Nach mehreren Anläufen schafft sie es schließlich.

„Eigentlich ...“ wiederholt sie sich, „eigentlich sollte... eigentlich sollte ich mit diesem Schwein nicht mehr zusammen sein!“

Ein Buzzer brummt. Schrecklich laut und schrecklich heftig. Viermal! Weil: Immer, wenn jemand „eigentlich“ ausspricht, buzzert es in mir und lässt mich zusammenzucken. Schade nur, dass außer mir niemand das Krächzen hört. Wirklich schade.

Zum besseren Verständnis:
Da wird ein junger Mensch systematisch von seinem Partner zerstört. Ausgenutzt. Fertiggemacht. Ins Bett gezerrt, durchgeknetet, weggestoßen. Doch anstatt die Reißleine zu ziehen, lässt die Kleine sich ausnutzen und zerbrechen.
Ja ja, eigentlich (Tröööt) will man das nicht.
Und eigentlich (Trööööt) weiß man ja, was man eigentlich (Trööööt) tun soll. Sollte.
Doch es fehlt die Kraft, die Überwindung, der Mut oder was auch immer.
Dabei wünscht man sich bloß ein kleines Stück vom Himmel.
Eigentlich. (Tr...)

Wer immer nur „eigentlich“ sagt und keine konkreten Schritte in eine neue Richtung einleitet, für den ist das Leben ein Leben voller Enttäuschungen.
Jedes Mal, wenn wir diesem Totschläger das Wort erteilen, hoffen wir auf Veränderung. Es ist eine blöde Hoffnung, weil nichts passieren wird.
Wer dieses Unwort gebraucht, denkt nicht im Traum daran, einen neuen Weg einzuschlagen. Jeder Satz, der mit „eigentlich“ beginnt, ist eine Aussage für die Tonne. Nichts passiert. Nichts wird passieren.

Um aus dem „eigentlich-Film“ auszusteigen, braucht es Mut und ein Ziel.
Mut für das Eingeständnis der aktuellen Situation.
Ein Ziel, um sich über die nächsten Schritte im Klaren zu sein.

Die Geschichten und Filme dieses Buches stellen Menschen vor, die es gewagt haben, Veränderungen in Angriff zu nehmen; sie haben sich getraut, eine andere Richtung einzuschlagen. Und: Sie haben Jesus zu sich ins Boot geholt.

In der Bibel werden Geschichten über Jesus erzählt. Es braucht kein Theologiestudium, um zu begreifen, dass die Leute von damals sich mit ähnlichen Problemen herumschlagen mussten wie wir. Schon seinerzeit mussten Menschen, die ihr Leben verändern wollten, den Buzzer zum Schweigen zu bringen.

„Eigentlich" – dieses Unwort hat es tatsächlich geschafft, sämtliche Jahrhunderte zu überleben.

Zum Schluss noch ein kurzer Blick auf Jesus: Der betritt die Häuser, in denen das Leid wohnt; er besucht die Kaputten; nimmt sich Zeit für die Reichen und Angesehenen; spricht mit jenen, die von ihrem Umfeld nicht beachtet werden.
Jesus macht um niemanden einen Bogen.
Das spricht sich herum.

Hoffnung breitet sich aus und die Infizierten laden ihre Freunde und Verwandten ein. Sie sollen Jesus kennenlernen. Auch neue Hoffnung schöpfen. Freiheit spüren. Eine unglaubliche Botschaft verbreitet sich wie ein Lauffeuer:
„Gott liebt die Menschen!"
„Der Weg zum Himmel ist frei!"
„Das Leben beginnt noch einmal!"

Und die Reaktion darauf?
Manche kamen.
Manche sagten:
„Eigentlich wäre ich gerne gekommen, ich habe mir das sogar fest vorgenommen, aber dann..."
„Eigentlich hätte ich mir das anhören müssen. Doch wer versichert mir, dass dieser Jesus recht hat..."

Damals wie heute steht am Anfang jeder Veränderung eine Entscheidung.
Sie heißt:
Don´t say eigentlich!

Danke

Erst durch die Unterstützung von LifeHouse e.V. konnte „Ein Stück vom Himmel“ das Licht der Bücherwelt erblicken. LifeHouse ist ein Verein, der kreative Vorhaben unterstützt. Die Geschichten, Aktionen und Projekte verhelfen zu einem neuen Blick auf das Leben und auf Gott. Weiterführende Informationen gibt´s auf

www.lifehouseworld.com

www.einstueckvomhimmel.de